¡Arriba la Lectura!™

miLibro ②

Autores y asesores

Alma Flor Ada • Kylene Beers • F. Isabel Campoy
Joyce Armstrong Carroll • Nathan Clemens
Anne Cunningham • Martha C. Hougen
Elena Izquierdo • Carol Jago • Erik Palmer
Robert E. Probst • Shane Templeton • Julie Washington

Consultores

David Dockterman • Mindset Works®
Jill Eggleton

¡Recibe una cordial bienvenida a miLibro!

¿Te gusta leer diferentes clases de textos por diferentes razones? ¿Tienes un género o un autor favorito? ¿Qué puedes aprender de un video? ¿Piensas detenidamente en lo que lees y ves?

Estas son algunas sugerencias para que obtengas el máximo provecho de lo que lees y ves, mientras interactúas con textos de manera significativa:

Establece un propósito ¿Cuál es el título? ¿Cuál es el género? ¿Qué quieres aprender de este texto o video? ¿Qué te parece interesante?

Lee y toma notas A medida que lees, subraya y resalta palabras e ideas importantes. Toma notas de todo lo que quieras saber o recordar. ¿Qué preguntas tienes? ¿Cuáles son tus partes favoritas? ¡Escríbelo!

Haz conexiones ¿Cómo se relaciona el texto o el video con lo que ya sabes o con otros textos o videos que conoces? ¿Cómo se relaciona con tu propia experiencia o con tu comunidad? Expresa tus ideas y escucha las de los demás.

¡Concluye! Repasa tus preguntas y tus notas. ¿Qué fue lo que más te gustó? ¿Qué aprendiste? ¿Qué otras cosas quieres aprender? ¿Cómo vas a hacerlo?

Mientras lees los textos y ves los videos de este libro, asegúrate de aprovecharlos al máximo poniendo en práctica las sugerencias anteriores.

Pero no te detengas aquí. Identifica todo lo que quieras aprender, lee más sobre el tema, diviértete y ¡nunca dejes de aprender!

El comportamiento de los animales

MÓDULO 7

¡Haz el cambio!

🌐 **CONEXIÓN CON LOS ESTUDIOS SOCIALES:** Comunidad **96**

MÓDULO 10

Cuenta un cuento

 **CONEXIÓN CON LOS ESTUDIOS SOCIALES:** Cuentos tradicionales **348**

El comportamiento de los animales

"Cada quien sobrevive
como puede".

— Sarah J. Maas

? Pregunta esencial

¿Qué comportamientos ayudan a los animales a sobrevivir?

Video de
Mentes curiosas

Palabras acerca del comportamiento de los animales

Las palabras de la tabla de abajo te ayudarán a hablar y escribir sobre las selecciones de este módulo. ¿Cuáles de las palabras acerca del comportamiento de los animales ya has visto antes? ¿Cuáles son nuevas para ti?

Completa la Red de vocabulario de la página 13. Escribe sinónimos, antónimos y palabras y frases relacionadas para cada palabra.

Después de leer cada selección del módulo, vuelve a la Red de vocabulario y añade más palabras. Si es necesario, dibuja más recuadros.

PALABRA	SIGNIFICADO	ORACIÓN DE CONTEXTO
eclosionar (verbo)	Cuando los huevos eclosionan, el cascarón se rompe permitiendo la salida o nacimiento del animal.	Nos maravillamos cuando vimos los huevos de tortuga eclosionar.
universal (adjetivo)	Cuando algo es universal, es común a todo el mundo.	El agua es una necesidad universal de todos los seres vivos.
periodo (sustantivo)	Un periodo es el espacio de tiempo entre dos acontecimientos o fechas, que por lo general marcan un suceso importante.	Los *bulldogs* viven por un periodo de 8 a 10 años.
crecimiento (sustantivo)	El crecimiento ocurre cuando alguien o algo se hace mayor o más grande.	Los científicos midieron el crecimiento de la tortuguita.

Palabras acerca del
comportamiento de los animales

crecimiento

eclosionar

universal

periodo

Crías de animales

Comportamientos de supervivencia

Cazar

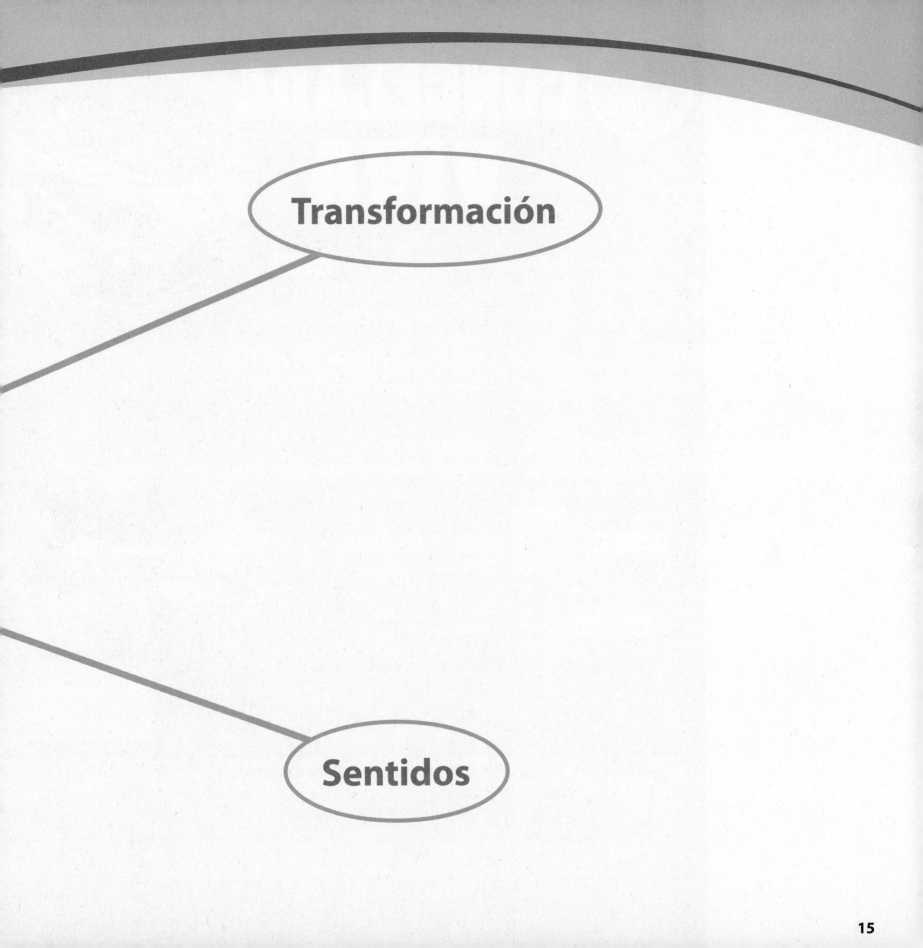

Transformación

Sentidos

CONGELADA VIVA

Lectura breve

4. Cuando llegan las temperaturas frías, la rana se refugia debajo de hojas.

1 Muchos animales de América del Norte viven en regiones frías con inviernos crudos. No existe una forma universal de sobrevivir al frío. Algunos animales tienen un pelaje que les provee abrigo. Otros cavan una madriguera en la tierra para hibernar. Sin embargo, la naturaleza le dio a la rana de bosque un plan de supervivencia diferente y extraño. Es una estrategia de supervivencia que la bióloga Sonya Olla describe como sacada "directamente de una película de ciencia ficción".

2 Olla lleva cinco años estudiando las ranas de bosque. Dice que, en muchos aspectos, estas ranas se parecen a las otras especies o tipos de ranas. En primavera, comienzan su periodo vital como huevos. Los huevos eclosionan y nacen los renacuajos. Los renacuajos viven en el agua y respiran mediante branquias, como los peces.

3 El crecimiento de los renacuajos es muy rápido. Enseguida les salen cuatro patas y les desaparece la cola. También desarrollan pulmones para poder respirar en la tierra. Ya en este punto se convierten en ranas adultas.

3. Al renacuajo le salen patas y pierde la cola. Ahora es una rana adulta.

4 Luego llega el invierno y es cuando las cosas se vuelven un poco extrañas. Olla dice: "El estado de congelación es mortal para casi todos los animales, pero no para la rana de bosque. Para ellas, congelarse es algo *bueno*".

5 Olla continúa explicando: "Primero, la rana de bosque se refugia debajo de hojas secas. Pero esto no la protege del frío. Algo muy interesante ocurre en las células de la rana".

5. La rana se congela.

1. La rana comienza su vida como un huevo.

6. Cuando las temperaturas son más cálidas, la rana se descongela.

2. El huevo eclosiona y nace un renacuajo.

6 Las células son los bloques de construcción que conforman a todos los seres vivos. Según Olla, de las células de la rana se elimina agua. El agua se sustituye por un líquido azucarado que no se congela y protege las células del frío. Luego, el espacio entre las células se congela y el corazón de la rana deja de latir. ¡La rana parece estar congelada!

7 La rana puede estar congelada durante semanas o meses. Cuando las temperaturas son más cálidas, el proceso se invierte. El azúcar sale de las células de la rana y el agua regresa. Después de un rato, el corazón de la rana comienza a latir de nuevo. Si la temperatura cambia a menudo, la rana de bosque puede congelarse y descongelarse muchas veces.

8 Olla dice que a menudo le preguntan por qué dedica tanto tiempo a estudiar una ranita. "No parece nada especial", dice. "Pero si la examinas de cerca, descubres que es una de las criaturas más extraordinarias de la Tierra".

APLAUSOS APASIONADOS

Prepárate para leer

ESTUDIO DEL GÉNERO Este es un texto de varios géneros. Es una **narración de no ficción** y un **texto de fantasía**. La **narración de no ficción** ofrece información basada en hechos reales. Un **texto de fantasía** es un cuento de ficción inventado.

- Los autores de los textos de no ficción pueden organizar sus ideas a partir de una idea central o principal.
- La narración de no ficción incluye elementos visuales, como fotografías, ilustraciones, mapas y diagramas.
- Los textos de fantasía no son realistas. Los autores de los textos de fantasía a menudo incluyen animales que hablan o personajes y objetos con poderes especiales.

ESTABLECER UN PROPÓSITO **Piensa en** el título y el género de este texto. Este texto trata sobre una libélula. ¿Qué sabes sobre las libélulas? ¿Qué te gustaría aprender? Escribe tus respuestas abajo.

Conoce a la autora y al ilustrador:
Heather Lynn Miller y Michael Chesworth

VOCABULARIO CRÍTICO

larvas

transforman

despistado

puse

parcela

voluminoso

Es el ciclo de la vida

con la invitada especial
Dahlia la libélula

Escrito por **Heather Lynn Miller**   *Ilustrado por* **Michael Chesworth**

1 *¡Buenas tardes, larvas, ninfas e insectos! Soy Pispajo Escarabajo y les doy la bienvenida a otro episodio de ES EL CICLO DE LA VIDA, el programa que presenta el ciclo de vida del tipo de animal favorito de todo el mundo: ¡los insectos!*

2 *Cada semana, llevamos nuestras cámaras a los sitios más interesantes del mundo de los insectos para seguirlos desde que comienzan su vida como huevos, eclosionan como ninfas o larvas y se transforman para convertirse en adultos totalmente desarrollados.*

¡Ooooh!

¡ADELANTE, INSECTOS!

¡Los insectos reinan!

larvas   Los insectos que acaban de romper el huevo y que todavía no se han convertido en su forma adulta se conocen como larvas.

transforman   Cuando los insectos u otros animales se transforman, sueltan su protección exterior o la mudan, como la piel o las plumas.

3 *Esta noche, les vamos a transmitir en directo desde un pantano oculto en la oscuridad bajo la rama de un sauce llorón. Puede parecer un lugar tranquilo, pero debajo de la superficie del agua nuestra invitada especial, Dahlia, lleva dos años luchando por sobrevivir.*

4 Así es, amigos. Dahlia se ha visto entre las fauces de predadores hambrientos, como:

5 Respiren tranquilos, amigos. Dahlia es una ninfa pequeña y resistente. Se las ha ingeniado para huir de la muerte ocultándose bajo hojas en descomposición, leños secos y entre la densa vegetación del pantano.

6 En la charca se dice que se ha convertido en una predadora feroz. De hecho, la semana pasada, el Diario de Insectolandia mostró a Dahlia masticando un renacuajo despistado.

despistado Si alguien está despistado, no se da cuenta de algo que pasa o puede pasar.

7 *Damas y caballeros, me acaban de decir que Ramón Moscarrón tiene noticias nuevas. Ramón, ¿qué ves?*

8 Pispajo, ahora mismo estoy sobrevolando la superficie del agua. Tengo la sensación de que algo increíble está a punto de pasar...

9 Espera, se están formando pequeñas ondas. Creo que Dahlia ya debe estar lista para emerger.

10 Voy a intentar aterrizar en una ramita cercana para verla desde más cerca.

11 *¿Ves algo, Ramón?*

12 ¡Así es, Pispajo! Está saliendo del agua con la ayuda de sus fuertes patas delanteras. En cualquier momento podremos ver su cabeza.

13 *Público, recuerden que necesitamos silencio total. No queremos que Dahlia se asuste.*

Shhhhhhhhh...

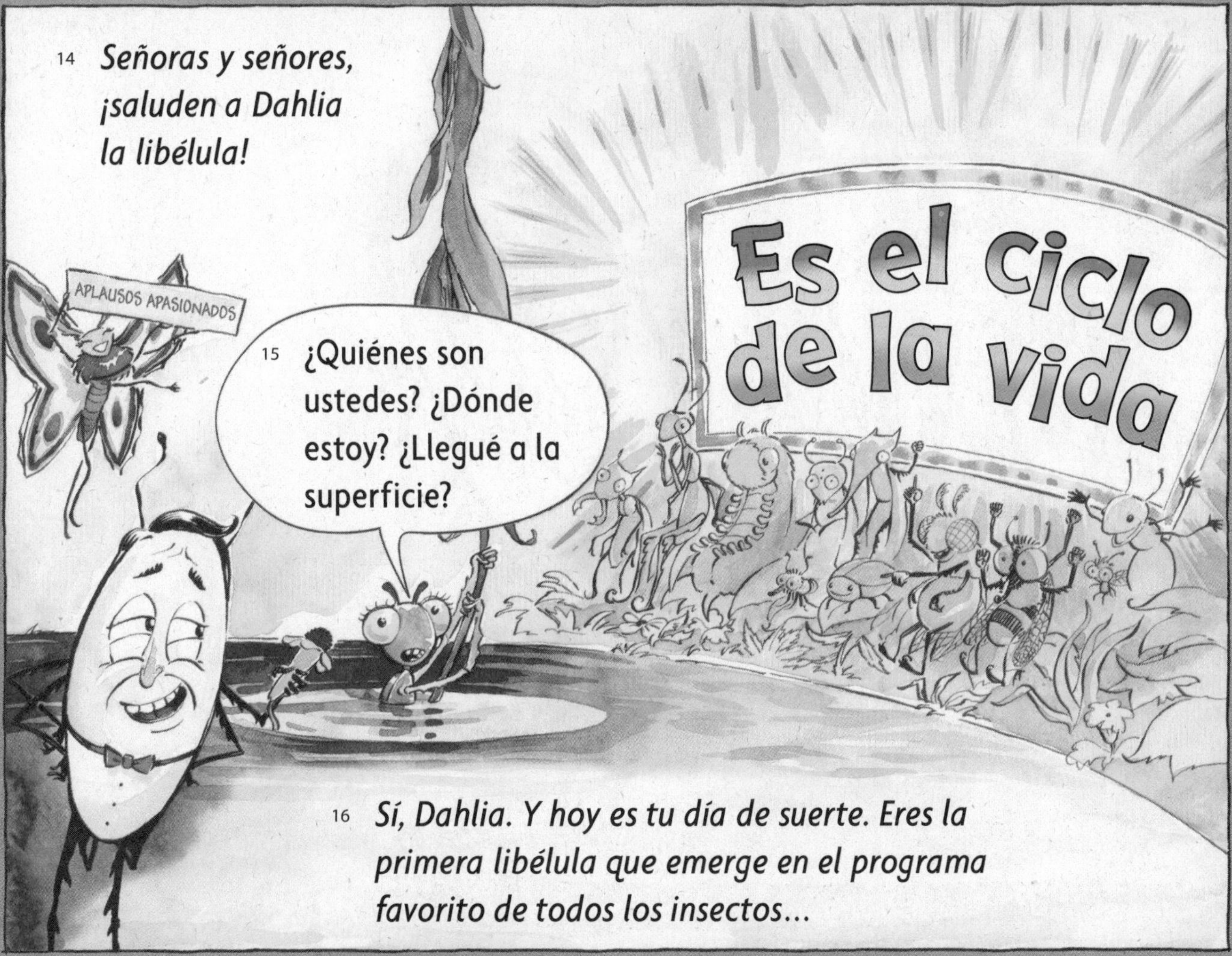

14 *Señoras y señores, ¡saluden a Dahlia la libélula!*

APLAUSOS APASIONADOS

15 ¿Quiénes son ustedes? ¿Dónde estoy? ¿Llegué a la superficie?

Es el ciclo de la vida

16 *Sí, Dahlia. Y hoy es tu día de suerte. Eres la primera libélula que emerge en el programa favorito de todos los insectos...*

25

17 *Llegas justo a tiempo para escuchar un mensaje de nuestro primer invitado misterioso. Dahlia, ¿recuerdas esta voz?*

18 Me alegro mucho de que hayas logrado llegar a la superficie sin que te comiera ningún pez repugnante. Recuerdo el día en que te puse a ti y a tus hermanos. Eran todos unos huevos diminutos y adorables.

19 Mami, ¿eres tú?

Invitado misterioso #1

puse Cuando pones algo en un lugar, lo depositas o lo colocas allí.

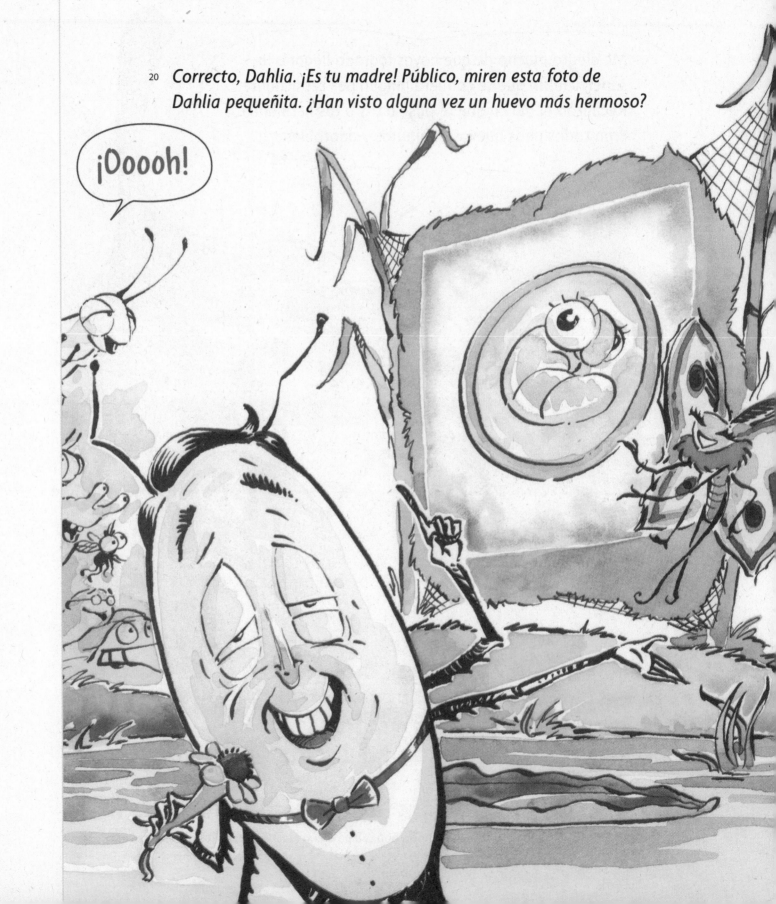

[20] Correcto, Dahlia. ¡Es tu madre! Público, miren esta foto de Dahlia pequeñita. ¿Han visto alguna vez un huevo más hermoso?

¡Ooooh!

21 Encontré la parcela perfecta con hierbas altas y tiernas. Era un lugar hermoso. Saqué el ovopositor y me puse manos a la obra, haciendo pequeños agujeros en los tallos de las hierbas. Sabía que al dejar los huevos adentro estarían protegidos de los peces hambrientos. Al final del día, había puesto más de 800 huevos. Estaba tan cansada que, cuando terminé, me senté y morí.

parcela Una parcela es una porción pequeña de terreno.

Dahlia

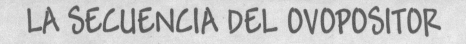

LA SECUENCIA DEL OVOPOSITOR

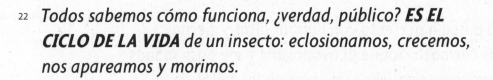
22 Todos sabemos cómo funciona, ¿verdad, público? **ES EL CICLO DE LA VIDA** de un insecto: eclosionamos, crecemos, nos apareamos y morimos.

23 Dahlia, estuviste dentro de aquella hierba durante varias semanas. Luego, un día, el cascarón del huevo se rompió y tú...

... una blanca y serpenteante ninfa, te deslizaste en el agua de la charca.

¡Ooooh!

25 *Ahí es donde te encontró nuestro siguiente invitado misterioso.*

26 Cuando te vi, Dahlia, parecías muy sabrosa. Era joven, era la primera vez que salía de la madriguera y estaba hambrienta. Hubieras sido el bocado perfecto.

27 Esta me la sé, Pispajo. Nunca olvidaré a Muga Tortuga, la bestia más aterradora que he visto jamás. Se lanzó desde un nenúfar y trató de comerme viva.

Invitado misterioso #2

28 *Pobre Dahlia. ¿Y qué hiciste?*

29 Lo único que sabía hacer: ¡serpentear!

31 *El día en que te convertiste en ninfa, Dahlia, también te convertiste en un hambriento predador. Y descubriste una nueva forma de desplazarte. Tu sistema para impulsarte en el agua te ayudó a avanzar a la velocidad de un cohete. ¿Puedes decirnos cómo funcionaba?*

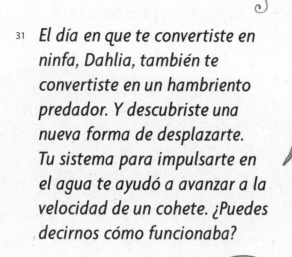

¡Comida, chicos!

¡Nooo! ¡Mosquitos!

32 Con mucho gusto, Pispajo.

33 Mi sistema acuático era lo mejor de ser una ninfa. Ya saben que vivía bajo el agua, por lo que necesitaba branquias para respirar. Mis branquias son diferentes a las de los peces. Las mías están en el interior de mi trasero. Eso también es una suerte. Cuando aprendí a bombear agua con ellas, atravesaba el agua como un tornado. Era una de las criaturas más rápidas de la charca. ¡Nadie podía alcanzarme!

Branquias

Abdomen

Tórax

Cabeza

Antena

Ninfa de libélula

34 ¿Nadie?

Shhhh...

35 ¿Estás segura? ¿Te acuerdas del día que te gané la carrera hasta aquella parcela de larvas de mosquito? ¡Ja, ja, ja! Ya me había comido la mitad de los gusanitos antes de que llegaras.

36 Rayo, ¿eres tú?

Invitado misterioso #3

37 *Sí, Dahlia, así es. Es tu hermano pequeño: Rayo.*

38 ¡Rayo! ¡Estoy tan emocionada que he roto mi exoesqueleto!

39 *Parece que Dahlia está mudando ante todos ustedes. Rayo, ¿te importaría quedarte con nosotros mientras se libera de ese voluminoso exoesqueleto?*

Muda, Dahlia

40 Para nada, Pispajo. Estoy deseando ver el tamaño de sus alas.

RÓMPELO

voluminoso Algo voluminoso es grande y pesado, y difícil de llevar o poner.

41 *Dahlia, ¿estás bien? Pareces un poco pálida y delicada.*

42 Estoy bien, Pispajo. Solo necesito un poco de aire fresco.

43 *Claro, Dahlia. No hay prisa. Recuerdo el día en que yo me transformé en adulto. Tenía la piel tersa. Después, comenzó a romperse. Me liberé de mi exoesqueleto, pero me sentía delicado y mareado. Después de unas cuantas horas al sol, me sentí mejor.*

44 *Amigos, mientras esperamos a que la sangre fluya por las alas de Dahlia, vamos a dedicar un momento a escuchar los consejos de nuestro patrocinador: No + Aves.*

51 Bienvenidos de nuevo
a *ES EL CICLO DE LA VIDA.*
Dahlia, ¿cómo te encuentras?

52 ¡Me siento como un insecto nuevo!

53 *Reinas y larvas, ¡miren esas alas!*

54 Dahlia, ¿es cierto que las alas te permiten volar a 50 millas por hora?

55 Sí, Ramón Moscarrón, es verdad. Soy uno de los insectos más rápidos de la Tierra. Gracias a mis cuatro alas, puedo volar hacia delante, hacia atrás y hacia los lados. Puedo planear, avanzar con rapidez y moverme libremente por el aire.

¡Ooooh!

¡Aaaah!

56 *Eso es impresionante, Dahlia. Pero ¿por qué necesitas esas habilidades tan avanzadas para volar?*

57 Bueno, Pispajo. Soy cazadora. Puedo atrapar y comer casi cualquier tipo de insecto.

58 *Lo siento, amigos, pero se nos está acabando el tiempo. Parece que Dahlia está a punto de irse revoloteando a ver cómo emergen sus hermanos y hermanas. Cuando eso pase, todos corremos peligro de convertirnos en su primera comida.*

¡Glup!

¡Paf!

59 Siento perseguirlos así, pero ya saben cómo somos las libélulas: corremos, nos abalanzamos y destruimos. Cuando emergemos, lo único que queremos hacer es comer, comer y comer. Debo decir que algunos de los miembros del público parecen absolutamente deliciosos.

60 *Ya la han oído. ¡Es hora de esfumarse!*

61 *A medida que sale el sol, una joven libélula emprende el vuelo. Pronto, nuevas ninfas de libélula serpentearán por las peligrosas aguas, donde crecerán y se convertirán en adultos expertos en vuelo. Gracias por acompañarnos en este fabuloso suceso.*

¡Adiós, Dahlia!

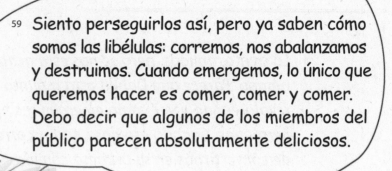

62 *Hasta la próxima. Se despide Pispajo Escarabajo. Y recuerden, cuando pongan el último huevo y sea su turno de sentarse y morir...*

¡ES EL CICLO DE LA VIDA!

Conversación colaborativa

Vuelve a leer lo que escribiste en la página 18. Dile a un compañero lo que aprendiste sobre las libélulas. Luego trabaja en grupo y comenta las preguntas de abajo. Busca detalles y ejemplos en *Es el ciclo de la vida* para explicar tus respuestas. Toma notas para responder las preguntas. Sé un buen integrante de grupo y agrega información útil a la conversación.

1 Vuelve a leer la página 21. ¿Por qué dice el presentador que Dahlia lleva dos años "luchando por sobrevivir"? ¿Cómo sobrevivió?

2 Repasa las páginas 40 a 43. ¿Qué es capaz de hacer Dahlia cuando le crecen las alas?

3 ¿Qué partes de *Es el ciclo de la vida* son parecidas a cosas que podrías ver o escuchar en un programa de televisión real?

Sugerencia para escuchar

Escucha atentamente los comentarios de los demás integrantes del grupo. Intenta no repetir lo que ya han dicho los demás.

Sugerencia para hablar

Asegúrate de que las ideas que compartes se ajustan al tema. No hables de otra cosa que no esté relacionada.

Escribir una reseña de un libro

TEMA PARA DESARROLLAR

La autora de *Es el ciclo de la vida* usa un programa de TV imaginario y el humor para explicar las fases de la vida de una libélula. A diferencia de la mayoría de los cuentos, los lectores deben prestar mucha atención a los detalles de cada ilustración para comprender el cuento completamente, ya que algunas partes importantes de este se cuentan solo a través de las ilustraciones.

Escribe una reseña del libro que resuma el cuento y explique cómo usó la autora las ilustraciones para contar la historia. Escribe también tu opinión sobre esta técnica. ¿Por qué crees que la autora decidió contar parte del cuento a través de las ilustraciones? ¿Crees que es una forma eficaz de lograr el propósito de la autora? ¿Leerías otros cuentos con esta técnica? No olvides usar algunas de las palabras del Vocabulario crítico en tu escritura.

PLANIFICAR

Toma notas sobre los detalles del cuento que solo se narran a través de las ilustraciones. Luego, haz una lluvia de ideas para una lista de razones por las que crees que la autora pudo haber elegido esta técnica para contar el cuento.

ESCRIBIR ....

Ahora escribe tu reseña del libro que resuma el cuento y explique cómo usó la autora las ilustraciones.

Asegúrate de que tu reseña del libro
☐ resume la trama.
☐ explica cómo usó la autora las ilustraciones para contar parte del cuento.
☐ expresa tu opinión sobre la elección de la autora de contar detalles del cuento con ilustraciones.
☐ contiene datos y ejemplos del texto para apoyar tus ideas.

Prepárate para leer

ESTUDIO DEL GÉNERO ▸ Los **artículos de revista** dan información sobre un tema relacionado con la temática de la publicación.

- Los autores de los artículos de revista pueden organizar sus ideas por medio de encabezados y subtítulos.
- Los autores de los artículos de revista pueden organizar su escrito en torno a una idea central o principal.
- Los artículos de revista incluyen elementos visuales, como fotografías, ilustraciones, mapas y diagramas.
- Los artículos científicos incluyen palabras específicas del tema.

ESTABLECER UN PROPÓSITO ▸ **Piensa en** el título y el género de este texto. ¿De qué piensas que trata este texto? ¿Qué te gustaría aprender en este texto? Escribe tus respuestas abajo.

VOCABULARIO CRÍTICO

fino
....
orificios
....
pregonar

▶ Desarrollar el contexto:
La nariz humana

Premios de NARICES

¿QUÉ ANIMAL TIENE LA NARIZ MÁS IMPRESIONANTE?

1 La mayoría de las personas dirían que el elefante. Un elefante usa su nariz larga, llamada trompa, para respirar y oler. También la usa para comer, beber, bañarse, barritar y mucho más.

2 Hay otros animales con narices hábiles. Aquí les presentamos los premios Elly, nuestros premios de narices para algunas de nuestras narices favoritas.

ELLY MEJOR OLFATO

3 Los elefantes agitan sus trompas largas hacia delante y hacia atrás, comprobando constantemente los olores en todas las direcciones. Tienen un fantástico sentido del olfato. Pueden percibir olores a varias millas de distancia.

ELLY

Estos animales también merecen premios Elly por su superpoder olfativo.

4   La mayoría de las personas utilizan los ojos para aprender cosas sobre el mundo. Los perros usan la nariz. Una persona puede ver y contar los pétalos de una flor. Un perro es capaz de oler cuáles de los pétalos tocó una persona o un insecto y hace cuánto tiempo.

5   El sentido del olfato de un oso es todavía más **fino** que el de un perro. Los osos tienen un sentido de la vista poco desarrollado, pero pueden oler comida a varias millas de distancia. Pueden oler incluso la comida enterrada bajo tierra o envasada en una lata cerrada.

> **fino**   Un sentido más fino es mejor, más perfecto o desarrollado.

6 Una gran variedad de serpientes no ven ni oyen muy bien. Confían en los olores para encontrar comida. Pero no utilizan los orificios nasales para oler. Esos son para respirar. En su lugar, las serpientes sacan y guardan la lengua continuamente. Perciben cualquier pequeño olor en las partículas del aire. Luego, lo llevan hasta los detectores de olores que tienen en la boca.

ELLY MÁS TALENTOSA

7 Un elefante puede agarrar y recoger cualquier cosa con la trompa, ya sea tan pequeña como una moneda o tan grande como un hombre. Aspira agua con la trompa. Luego la echa a chorros en su boca para beber o sobre su lomo para ducharse. Puede incluso usar la trompa para pregonar cualquier advertencia o llamado.

orificios Los orificios son agujeros, como los de la nariz, que se utilizan para respirar y oler.

pregonar Al pregonar un mensaje, se dice en voz alta y con energía.

¿Quién más se lleva un Elly por tener una nariz que puede hacer mucho más que respirar y oler?

8 Un cerdo usa su fuerte hocico para cavar y sacar raíces e insectos sabrosos para comer.

9 Un topo de nariz estrellada tiene 22 "dedos" rosados en la nariz. Casi ciego, el topo cava túneles bajo tierra utilizando los dedos o tentáculos de la nariz para detectar insectos pequeños y deliciosos para comer.

MEJOR DEBAJO DEL AGUA

10   Los elefantes nadadores mantienen la punta de la trompa por encima del agua. La usan como si fuera un tubo para bucear o hacer *snorkel*.

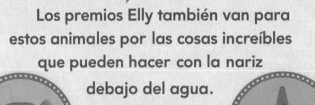

Los premios Elly también van para estos animales por las cosas increíbles que pueden hacer con la nariz debajo del agua.

11   El hipopótamo pasa la mayor parte de los días calurosos en el agua, donde está fresco y a gusto. Respirar no le supone un problema porque los orificios de la nariz apuntan hacia arriba y se mantienen fuera del agua. Si el hipopótamo se sumerge por completo, los orificios se cierran.

12   Los tiburones respiran a través de las branquias, por lo que los orificios les sirven únicamente para oler durante todo el tiempo. El tiburón puede comparar cuánto tiempo tarda un olor en llegar a cada orificio de la nariz para deducir de qué dirección proviene el olor.

Conversación colaborativa

Vuelve a leer lo que escribiste en la página 48. Comparte tus respuestas con un compañero. Luego trabaja en grupo y comenta las preguntas de abajo. Busca detalles y ejemplos en "Premios de narices" para explicar tus respuestas. Toma notas para responder las preguntas. Asegúrate de que comprendes los comentarios de los demás integrantes de tu grupo y de que ellos comprenden lo que tú dices.

1 Vuelve a leer la página 51. ¿Qué premio ganan los perros y los osos? ¿Por qué ganan ese premio?

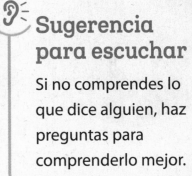

Sugerencia para escuchar

Si no comprendes lo que dice alguien, haz preguntas para comprenderlo mejor.

2 Repasa la página 53. ¿Qué tiene de inusual la nariz estrellada del topo?

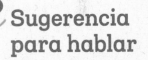

Sugerencia para hablar

Habla a un ritmo que no sea ni demasiado rápido ni demasiado lento y a un volumen que todos puedan escuchar.

3 ¿En qué se diferencian las narices de los animales de las narices de las personas?

Escribir un anuncio

TEMA PARA DESARROLLAR

En *Premios de narices*, el autor explica por qué hay varios animales que podrían ser elegidos para recibir un premio especial llamado "Elly".

Imagina que te han pedido que elijas un animal como ganador del premio Elly. Escribe un anuncio para decir qué animal seleccionaste y por qué la nariz de ese animal se merece el premio. Puesto que es un anuncio de un premio, debes usar palabras emocionantes que atraigan la atención de los lectores. No olvides usar algunas de las palabras del Vocabulario crítico en tu escritura.

PLANIFICAR

Haz una lista de datos y detalles del artículo de revista que expliquen por qué tu animal preferido merece ganar el premio Elly.

Ahora escribe tu anuncio para explicar qué animal va a recibir
el premio Elly y por qué.

Asegúrate de que tu anuncio

☐ presenta el tema anunciando tu elección.

☐ usa datos y detalles del texto para apoyar tu elección.

☐ usa una selección de palabras emocionantes y que atraen la atención.

☐ termina con una conclusión.

Prepárate para leer

ESTUDIO DEL GÉNERO La **narración de no ficción** ofrece información basada en hechos reales a través de un cuento o historia verdadera.

- La narración de no ficción presenta los acontecimientos en orden secuencial o cronológico.

- Los autores de los textos de narración de no ficción pueden incluir palabras específicas de un tema científico.

- La narración de no ficción incluye elementos visuales, como ilustraciones, mapas y diagramas.

- La narración de no ficción puede incluir características del texto, como letra negrita y bastardilla, y pies de foto.

ESTABLECER UN PROPÓSITO **Piensa en** el título y el género de este texto. Este texto trata sobre un pulpo. ¿Qué sabes sobre los pulpos? ¿Qué te gustaría aprender? Escribe tus respuestas abajo.

VOCABULARIO CRÍTICO

flexibles

sifón

acecha

invisible

**Conoce a la autora e ilustradora:
Laurie Ellen Angus**

¡El pulpo escapa de nuevo!

Escrito e ilustrado
por Laurie Ellen Angus

1 El pulpo está muy hambriento.
Mira a su derecha.
Mira a su izquierda.
Sale corriendo de su guarida y se lanza
al mar profundo y oscuro.

2 ¿Comerá hoy?
¿O se lo comerán a él?

3 Esos camarones prometen
un festín delicioso.

4 Pero arriba, una tortuga marina también
busca un festín delicioso.

5 Descubre al pulpo y nada hacia abajo

y más abajo

y más abajo.

6 **Rápidamente, el pulpo desliza
su cuerpo blando dentro de una caracola
vacía que está cerca. ¡Qué inteligente!**

7 **La tortuga empuja,
  hurga,
   ronda
    y husmea la caracola,
     pero el pulpo está a salvo.**

---

8 *Los pulpos no tienen huesos, por eso son muy flexibles. A veces, retuercen su cuerpo para meterse dentro de botellas, latas e incluso dentro de cocos vacíos.*

flexibles   Las cosas flexibles se doblan o cambian de forma sin romperse.

9   El pulpo sigue hambriento.
    Nada junto a un banco de peces.

10 Estira uno de sus ocho brazos largos
    para agarrar algunos peces y tragárselos.

11 ¡Espera!
    El pulpo divisa una anguila
    que sale de su cueva,
    lista para agarrarlo y tragárselo.

12 ¡Chof! El pulpo libera su arma secreta:
una nube de tinta negra.

13 Todavía hambriento, huye a toda prisa.

14 *El pulpo, cuando se siente amenazado, libera o suelta*
una tinta. La tinta confunde al atacante y oculta al
pulpo, dándole tiempo para huir.

15 El pulpo se arrastra por los huecos y se desliza
    por las grietas en busca de un par de crustáceos.

16 Pero un tiburón hambriento merodea.
    Descubre al pulpo y se acerca.

17 **Por suerte, el pulpo sabe cómo escapar rápidamente.**

18 **¡LANZAMIENTO!**

---

19 *El pulpo, para huir, succiona agua y la expulsa con fuerza a través del sifón. La fuerza del agua lanza al pulpo como si fuera un cohete.*

sifón Un sifón es un tubo o una manguera que se utiliza para meter o sacar un líquido.

20 Ahora, el pulpo está muy hambriento.
    Le gustan mucho los caracoles.

21 Pero un mero gigante acecha detrás
    de unas plantas marinas. Al mero le gustan
    mucho los pulpos. Abre su boca enorme
    para absorberlo como una aspiradora y
    tragárselo de un solo bocado.

acecha   Si un animal acecha, está escondido esperando
para cazar a otro.

22 **El mero atrapa uno de sus
brazos serpenteantes.
¡Pero solo uno!**

23   **¡El pulpo escapa de nuevo!**

---

24 *Cuando un depredador agarra a un pulpo por uno
de sus brazos, el pulpo puede desprenderse del brazo.
Mientras el depredador se come el brazo desprendido,
el pulpo escapa. El brazo del pulpo crece de nuevo.*

25 Todavía buscando qué comer,
el pulpo se arrastra por las aguas
poco profundas de la orilla.
Lentamente, se acerca a un cangrejo.

26 ¡Oh, oh! Una gaviota baja en picado.
¿Va detrás del pulpo o del cangrejo?
El pulpo no espera para saberlo.

27 ¡PUF!

28 ¡El pulpo desaparece!
Es el rey del camuflaje.

29 ¿Puedes verlo?

30 *Si el pulpo se siente amenazado, puede
cambiar de color y textura en un instante para
confundirse con su entorno. De esta manera, se
vuelve invisible a sus atacantes.*

invisible Si algo es invisible, no se puede ver.

31   Las almejas serían una cena sabrosa.
De nuevo, el pulpo se zambulle
en el mar oscuro y profundo,
llega hasta ellas y agarra unas cuantas.

32   ¡Por fin, es hora de comer!

Bienvenido al maravilloso mundo de los pulpos

33 Existen alrededor de 300 especies de pulpos. Algunos son tan pequeños que caben en la palma de tu mano. El récord del pulpo más grande lo tiene el pulpo gigante del Pacífico, que mide 30 pies. Es casi tan grande como un autobús escolar.

34 Los pulpos viven en todos los océanos del mundo. Algunos viven cerca de la costa. Otros viven en las profundidades del océano.

35 La palabra pulpo está formada a partir de dos palabras griegas que significan "muchos" y "pies". Los pulpos tienen ocho brazos flexibles que están compuestos principalmente por músculo. En inglés, su nombre es *octopus*, que quiere decir precisamente ocho pies.

36 Los pulpos no tienen huesos. La única parte dura del cuerpo de un pulpo es el pico, que forma parte de la boca.

37 A los pulpos les gusta estar solos. Pasan la mayor parte del tiempo escondidos en su guarida, que es su casa. Suelen hacer sus guaridas debajo de las rocas, dentro de una cueva o en la grieta de un coral. Algunos pulpos viven dentro de caracolas vacías o botellas de cristal. Normalmente, salen a cazar de noche.

Manto

Ojos

Ventosas

Sifón

Brazos

El pulpo de este cuento es un pulpo común.

38 Mide alrededor de dos pies y pesa entre 6 y 22 libras. Vive en zonas poco profundas del mar, cerca de las costas rocosas o de los arrecifes coralinos. Al igual que todos los demás pulpos, su cuerpo está perfectamente preparado para sobrevivir en el océano.

Conversación colaborativa

Vuelve a leer lo que escribiste en la página 58. Dile a un compañero lo que aprendiste sobre los pulpos. Luego trabaja en grupo y comenta las preguntas de abajo. Busca detalles y ejemplos en *¡El pulpo escapa de nuevo!* para explicar tus respuestas. Toma notas para responder las preguntas. Durante la conversación, trata de usar frases completas y un lenguaje preciso.

1 Repasa las páginas 62 a 70. ¿Cómo puede mantenerse a salvo el pulpo cuando otro animal quiere comérselo?

2 Vuelve a leer las páginas 64 y 65. ¿En qué se parece la tinta del pulpo al chorro de agua que expulsa a través del sifón? ¿En qué se diferencian ambos?

3 ¿Qué tipos de peces quiere comer el pulpo? ¿Qué animales quieren comerse al pulpo?

Sugerencia para escuchar

Mira a cada hablante de tu grupo. Demuéstrale que comprendes o estás de acuerdo con una sonrisa o asintiendo con la cabeza.

Sugerencia para hablar

Si alguien comparte una idea que no está muy clara, di lo que piensas que escuchaste. Usa frases completas y pregunta: "¿Es esto correcto?".

Escribir un poema

En *¡El pulpo escapa de nuevo!*, el personaje principal debe evitar a los predadores mientras él caza a otros animales para alimentarse. El pulpo es inteligente y usa muchas adaptaciones, como camuflarse o soltar una nube de tinta, para protegerse una vez más mientras sigue buscando su cena.

El autor crea imágenes muy realistas en la mente de los lectores usando palabras descriptivas para describir las acciones de los animales. Por ejemplo, el autor no dice que el pulpo se come un cangrejo, sino que "lentamente, se acerca a un cangrejo". Los lectores pueden imaginarlo acercándose lenta y pacientemente al cangrejo antes de abalanzarse sobre él de repente. La elección de palabras realistas también suele usarse en poesía. Escribe un poema sobre el día del pulpo usando tus palabras de acción descriptivas preferidas del cuento. Luego agrega una o dos descripciones realistas propias. No olvides usar algunas de las palabras del Vocabulario crítico en tu escritura.

PLANIFICAR

Haz una lista de palabras y frases de *¡El pulpo escapa de nuevo!* que creen imágenes realistas en tu mente. Encierra en un círculo tus preferidas.

ESCRIBIR

Ahora escribe tu poema sobre el día del pulpo con descripciones realistas.

✓ Asegúrate de que tu poema

☐	usa palabras de acción descriptivas e imágenes realistas del texto.
☐	tiene al menos una descripción realista original hecha por ti.
☐	demuestra que comprendes el texto.
☐	resume los acontecimientos del día del pulpo.

Prepárate para leer

ESTUDIO DEL GÉNERO Los **textos informativos** ofrecen datos y ejemplos sobre un tema.

- Los autores de los textos informativos pueden presentar sus ideas en orden secuencial o cronológico.

- Para organizar sus ideas, los autores de los textos informativos pueden plantear un problema y explicar la solución, explicar causas y efectos y/o comparar y contrastar.

- Los textos informativos incluyen elementos visuales, como tablas, diagramas, gráficos, líneas de tiempo y mapas.

ESTABLECER UN PROPÓSITO **Piensa en** el título y el género de este texto. Este texto trata sobre un tigre. ¿Qué sabes sobre los tigres? ¿Qué te gustaría aprender? Escribe tus respuestas abajo.

**Desarrollar el contexto:
Tigres siberianos**

VOCABULARIO CRÍTICO
acariciaba
gruñía
asistenta
rechazando
criadero
abalanzaba

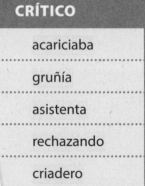

T.J.

El cachorro de tigre siberiano

por Ann Whitehead Nagda

fotografías de Cindy Bickel

T.J. juega con una pelota.

T.J., el cachorro de tigre, y Buhkra, su mamá

ₗ Buhkra, una tigresa siberiana, iba a tener un bebé. Los cuidadores del zoológico de Denver ya habían colocado una videocámara en la guarida para poder vigilar a la mamá tigresa sin molestarla. Cuando nació el cachorro, controlaban a Buhkra y a su bebé por una pantalla de televisión. Buhkra era una buena mamá. Lamía, amamantaba y acariciaba con el hocico a su nuevo bebé. El cachorro, llamado T.J., pesaba solo tres libras y parecía diminuto al lado de su mamá, que pesaba 250 libras. El papá de T.J., Matthew, era todavía más grande que Buhkra. Pesaba 350 libras. T.J. tendría que ganar mucho peso para llegar a ser tan grande como su papá.

acariciaba   Cuando acaricias a alguien o algo, lo tocas o rozas suavemente.

2   Cuando T.J. tenía seis semanas, el veterinario del zoológico le puso unas vacunas y lo pesó. El cachorro pesaba entonces diez libras. Cuando el papá de T.J. tenía seis semanas, pesaba catorce libras, cuatro más que T.J. Aun así, el pequeño tigre estaba sano y fuerte. A Sheila, la cuidadora de los tigres, le resultaba difícil que se quedara quieto para que el veterinario lo examinara. El enérgico cachorrito no paraba de retorcerse hasta que Sheila lo llevaba de nuevo con su mamá.

3   Todos los días, cuando Sheila llegaba al zoológico, lo primero que hacía era comprobar cómo estaban los tigres. Buhkra, para proteger a su cachorro, siempre le gruñía, bufaba y le enseñaba los dientes. T.J. gruñía como su mamá.

4   Una mañana, Buhkra no le gruñó a Sheila. La mamá tigresa estaba tendida sobre el lateral, completamente inmóvil. T.J. estaba maullando y empujando a su mamá, tratando de mamar, pero Buhkra no se movía. Sin que hubiera dado señales de estar enferma, había muerto. El veterinario del zoológico examinó a Buhkra y descubrió que había muerto por un cáncer.

5   Ahora, ¿quién iba a criar a este bebé tan especial? Normalmente, las mamás tigresas cuidan a sus cachorros ellas solas. Matthew no podía cuidar a su hijo. No sabía hacerlo.

gruñía   Si un animal gruñía, hacía sonar su voz con ira.

T.J. tumbado en su esquina

6   Sheila se llevó a T.J. para que lo criara el personal del hospital de animales. El veterinario estaba preocupado cuando examinó al cachorro. T.J. no era tan grande como debía ser. El cachorro tenía diez semanas y solo pesaba trece libras.

7   Cindy, una asistenta veterinaria del hospital, puso a T.J. en una jaula. Le dio un cuenco de carne mezclada con leche. T.J. ignoró la comida, caminó hasta una esquina de la jaula, se enroscó como una bola y no se movió durante horas. Al día siguiente, todavía seguía en el mismo sitio. No había tocado la comida.

8   Los trabajadores del hospital estaban preocupados. El cachorro de diez semanas no había ganado mucho peso desde la revisión de las seis semanas.

9   El veterinario comprobó cuánto pesaba el papá de T.J. cuando era cachorro. Comparó el peso de T.J. con el de Matthew cuando tenían la misma edad. A las seis semanas, Matthew pesaba cuatro libras más que T.J. A las diez semanas, Matthew pesaba seis libras más que T.J.

asistenta   Una asistenta es una persona que ayuda a otra a hacer su trabajo.

10   Era el tercer día de T.J. en el hospital y todavía no había comido. Cuando Cindy entró en su jaula, le gruñó y le enseñó los dientes. La amenazaba porque estaba asustado. Ella puso un poco de carne en un palo de madera y le acercó la carne a la boca. T.J. la escupió.

11   Al día siguiente, Cindy trató de darle puré de carne en un tarro. Pensó que quizás a T.J. le gustaría la comida de los bebés humanos. Pero también lo escupió.

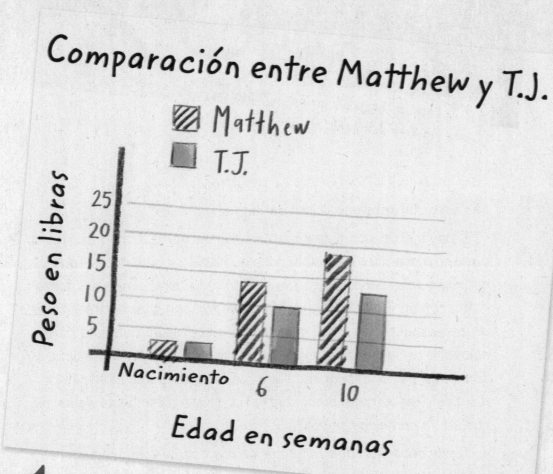

Cindy hizo una gráfica de barras como esta para comparar el peso de los tigres. Las barras rojas muestran el peso de T.J. Las barras negras muestran el peso de Matthew.

T.J. baja las orejas y gruñe cuando está asustado.

12   T.J. estaba perdiendo peso. El cachorro de tigre había perdido una libra durante sus primeros días en el hospital.

13   Cindy y el personal empezaron a temer que T.J. moriría. Habían pasado cinco días y el cachorrito no había comido nada. Todos estaban de acuerdo en que no tenían otra opción más que forzar a T.J. a comer. El Dr. Kenny y el Dr. Cambre, con chaquetas y guantes gruesos, sujetaron a T.J. mientras Cindy utilizaba un palo para colocarle la carne en la parte de atrás de la boca. Al principio, era como una pelea. El pequeño tigre no hacía más que mostrar los dientes y las garras. Finalmente, T.J. tragó siete bolas de carne cubiertas con leche en polvo.

14   Cindy esperaba que T.J. empezara a comer solo después de probar el sabor de la comida. Pero el cachorro seguía rechazando los cuencos de carne. Para ayudarle a sobrevivir, Cindy y los veterinarios continuaron forzando a T.J. a comer.

rechazando   Cuando alguien está rechazando algo, no lo está aceptando o no lo quiere.

Esta es una gráfica de líneas con el peso de T.J. y Matthew desde el nacimiento hasta las doce semanas. La línea roja es el peso de T.J. La línea negra es el peso de Matthew. A las doce semanas, T.J. pesaba mucho menos que su papá a la misma edad.

El personal del hospital controla el peso de T.J. con una gráfica.

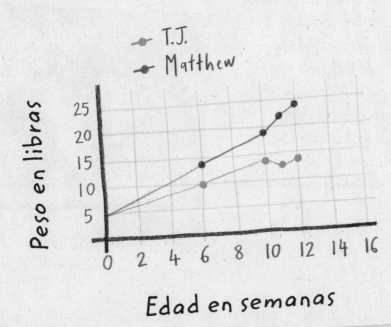

Comparación entre Matthew y T.J.

T.J.
Matthew

Peso en libras

25
20
15
10
5

0 2 4 6 8 10 12 14 16

Edad en semanas

15   El undécimo día, T.J. comió dos bolas de carne sin ayuda de nadie. Cindy le dio al cachorrito un juguete de caucho y T.J. empezó a perseguirlo. Luego, colocó un hueso con carne junto al juguete. T.J. comenzó a mascar el hueso inmediatamente. Todos se sintieron más esperanzados.

16   Todos los cuidados y esfuerzos habían merecido la pena. T.J. por fin ganó peso.

17   A T.J. lo pesaban con frecuencia. En la semana trece, el cachorro juguetón no cooperaba para subirse él solo a la balanza. Cindy tuvo que agarrar al tigre y subirse a la balanza. Juntos, Cindy y T.J. pesaron 126 libras. Cindy puso al tigre en el suelo y volvió a subirse ella sola a la balanza. Marcaba 110 libras. Al restar el peso de ella del peso combinado, Cindy pudo comprobar que el cachorro de tigre ahora pesaba 16 libras.

18   Cindy se sintió aliviada cuando el cachorro de tigre la dejó alimentarlo a mano regularmente. Ahora, podría ganar peso más rápido. La comida favorita de T.J. era el corazón de res cubierto de leche en polvo. Cuando cumplió catorce semanas, pesaba diecinueve libras. El cachorro ganaba peso a un ritmo constante y el veterinario se alegraba de ver su progreso.

T.J. ronda por el criadero.

19   A medida que T.J. se sentía más cómodo con el personal del criadero, se volvió más alegre. Por las noches, jugaba al escondite con Cindy y Denny, otra asistenta veterinaria, en los terrenos del zoológico. El cachorro de tigre se escondía en los arbustos y esperaba pacientemente hasta que Denny se acercaba a él. Después, saltaba, agarrándole la pierna a Denny con sus zarpas. A veces, se acercaba sigilosamente a Cindy por detrás y se le abalanzaba encima. Las mamás tigre enseñan a sus bebés a cazar jugando a juegos como este.

T.J. abre la puerta del refrigerador y busca de comer.

20   El tigre enseguida aprendió a abrir la puerta del criadero para visitar a sus amigos humanos en la cocina. También aprendió a abrir la puerta del refrigerador tirando de la toalla que tenía colgada. Una vez, consiguió llegar a una bolsa de carne. Al final de su estancia en el hospital del zoológico, T.J. quería compañía durante todo el tiempo. Lloraba cuando estaba solo.

criadero   Un criadero es un lugar donde se cría animales.
abalanzaba   Si alguien se abalanzaba sobre otra persona, saltaba o se lanzaba con fuerza sobre ella.

T.J. está ansioso por comer su carne.

21   Después de aprender a vivir con humanos, T.J. debía afrontar un nuevo reto. Tenía que salir del hospital, volver al recinto de exposición para tigres en el zoológico y vivir solo. Cindy lo visitaba a menudo. Sheila, la cuidadora de los tigres, lo alimentaba a mano para que la conociera. T.J. jugaba con Sheila. A veces, se subía a una piedra y se abalanzaba sobre ella cuando entraba en el recinto de exposición.

22   Al principio, T.J. tenía miedo de salir al jardín de los tigres, así que Sheila y Cindy lo acompañaban. Pronto, empezó a divertirse mucho. Trituraba las cortezas de los árboles y observaba a los pájaros y a los visitantes del zoológico.

23   Durante los siguientes años, T.J. creció mucho.

24   Cuando T.J. cumplió dos años, lo trasladaron a un zoológico de Billings, Montana. Este zoológico tenía un nuevo recinto de exposición para tigres, pero no tenía tigres. T.J. era justo lo que necesitaban. T.J. siguió creciendo en su nuevo hogar.

El traslado de T.J. de Denver a Billings

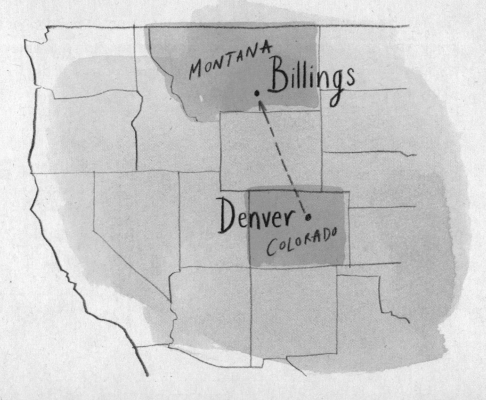

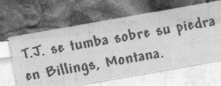

T.J. se tumba sobre su piedra en Billings, Montana.

25   Varios años más tarde, cuando T.J. cumplió cuatro años, Cindy fue a visitarlo al zoológico de Montana. Vio como se bañaba en su piscina. Después de llamarlo, T.J. se acercó corriendo a la valla y ronroneó, que es el sonido que hacen los tigres para saludar. Cindy sabía que todavía la recordaba.

26   Cindy quedó impresionada al ver lo grande que estaba T.J. El cuidador de tigres del zoológico de Montana calculó que pesaba 500 libras. ¡Por fin había logrado ser más grande que su papá!

Conversación colaborativa

Vuelve a leer lo que escribiste en la página 76. Dile a un compañero lo que aprendiste sobre los tigres. Luego trabaja en grupo y comenta las preguntas de abajo. Busca detalles y ejemplos en *T.J. El cachorro de tigre siberiano* para explicar tus respuestas. Toma notas para responder las preguntas. Sigue las reglas que decida tu grupo para mantener una buena conversación.

1 Repasa la página 80. ¿Por qué estaban preocupados por T.J. los trabajadores del hospital de animales?

2 Vuelve a leer las páginas 81 y 82. ¿Qué hace Cindy para conseguir que T.J. coma? ¿Qué hace el cachorro?

3 ¿Cómo cambia T.J. desde el comienzo de la selección hasta el final?

Sugerencia para escuchar

Colócate frente a la persona que esté hablando. Puedes sonreírle al hablante y asentir con la cabeza para demostrarle que comprendes lo que está diciendo.

Sugerencia para hablar

Elige con tus compañeros a un líder del grupo para que nombre a la persona que debe hablar en cada momento. El líder debe asegurarse de que todos tengan su turno para hablar.

Escribir una entrada de un blog de opinión

TEMA PARA DESARROLLAR

T.J. El cachorro de tigre siberiano es una historia real sobre un cachorro de tigre que nació en el zoológico de Denver. Varias personas se esforzaron mucho para ayudarle a sobrevivir después de que su mamá muriera.

Imagina que escribes para el sitio web del zoológico de Denver. Te han pedido que escribas sobre T.J. y sus cuidadores. Escribe uno o dos párrafos para decir lo que piensas sobre sus cuidados con base en la selección. ¿Cuál es la idea principal o más importante que quieres volver a contar sobre los cuidados de T.J.? ¿Qué parte te parece la más complicada? ¿Qué parte te parece la más divertida? Ofrece razones para apoyar tu opinión. No olvides usar algunas de las palabras del Vocabulario crítico en tu escritura.

PLANIFICAR

En una tabla de dos columnas, escribe dos encabezados: uno para la parte más complicada de los cuidados de T.J. y otro para la parte más divertida. Debajo de cada columna, escribe datos y detalles del texto que apoyen cada encabezado.

Ahora escribe una entrada de un blog que plantee tu opinión sobre los cuidados de T.J.

Asegúrate de que tu entrada de un blog

☐ presenta el tema y plantea tu opinión.

☐ ofrece razones que apoyan tu opinión.

☐ usa palabras y frases de enlace como *porque*, *por tanto* y *por ejemplo* para conectar las opiniones y las razones.

☐ incluye un enunciado de cierre.

? Pregunta esencial

¿Qué comportamientos ayudan a los animales a sobrevivir?

Escribir un artículo científico

TEMA PARA DESARROLLAR Piensa en lo que aprendiste en este módulo sobre cómo sobreviven los animales.

Imagina que una revista científica para jóvenes piensa concentrarse en el tema de la supervivencia animal. Te han invitado a escribir un artículo. Usa evidencias de los textos para explicar una de las formas en que el cuerpo de un animal o sus acciones lo ayudan a sobrevivir.

Voy a escribir sobre _____.

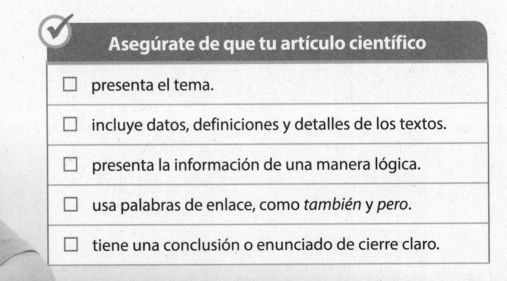

✓ Asegúrate de que tu artículo científico

☐ presenta el tema.

☐ incluye datos, definiciones y detalles de los textos.

☐ presenta la información de una manera lógica.

☐ usa palabras de enlace, como *también* y *pero*.

☐ tiene una conclusión o enunciado de cierre claro.

¿Sobre qué animal vas a escribir? ¿Qué acción o partes del cuerpo vas a explicar? Vuelve a leer tus notas y repasa los textos para ayudarte a elegir.

La tabla de abajo te ayudará a planificar tu artículo. Comienza con una oración que incluya la idea principal y que plantee lo que quieres explicar. Luego busca detalles en los textos que apoyen tu idea principal. Usa las palabras del Vocabulario crítico siempre que sea posible.

Mi tema: _____

Idea principal

Detalle	Detalle	Detalle

HACER UN BORRADOR ··· **Escribe tu artículo.**

Usa la información que escribiste en el organizador gráfico de la página 93 para hacer un borrador de tu artículo.

Escribe una **introducción** que anime a los lectores a leer más sobre tu tema.

Plantea tu idea principal en un **párrafo central**. Agrega detalles de apoyo en cada oración nueva.

Finaliza el artículo con una oración que repase los puntos principales.

·· Revisa tu borrador.

Cuando revisas y editas, tienes la oportunidad de mejorar tu artículo. Trabaja con un compañero y pídele su opinión sobre ideas u oraciones que no estén claras. Puedes usar estas preguntas como ayuda para encontrar la forma de mejorar tu artículo.

PROPÓSITO/ ENFOQUE	ORGANIZACIÓN	EVIDENCIA	LENGUAJE/ VOCABULARIO	CONVENCIONES
☐ ¿Presento mi tema con claridad? ☐ ¿Explico una forma en que un animal es capaz de sobrevivir?	☐ ¿Explico detalles de apoyo de manera lógica? ☐ ¿Incluí una oración de cierre que concluye el artículo?	☐ ¿Necesito agregar más evidencias para explicar algunos de los detalles?	☐ ¿Definí palabras científicas que puede que los lectores no conozcan?	☐ ¿Escribí todas las palabras correctamente? ☐ ¿Tienen todas las oraciones un sujeto y un verbo? ☐ ¿Usé adjetivos para describir o comparar?

PRESENTAR ·· Comparte tu trabajo.

Crear la versión final Elabora la versión final de tu artículo. Puedes incluir una fotografía o un dibujo para apoyar tu tema. Considera estas opciones para compartir tu relato.

1 Combina tu artículo con los de tus compañeros para elaborar una revista científica propia.

2 Trabaja con un grupo pequeño para planificar una presentación ante la clase. Lean en voz alta los artículos y pidan comentarios y preguntas.

3 Graba tu artículo para un *podcast* sobre la supervivencia animal. Prepárate para responder las preguntas de los oyentes.

¡Haz el cambio!

"Todos podemos hacer que el mundo sea un lugar mejor. Nuestras acciones y nuestras palabras tienen un efecto en las personas que nos rodean. ¿Qué vas a hacer para que la vida de todos sea mejor?".

—Alma Flor Ada

¿Cómo puede una persona hacer un cambio importante en la comunidad local o global?

Video de Mentes curiosas

Palabras acerca de hacer el cambio

Las palabras de la tabla de abajo te ayudarán a hablar y escribir sobre las selecciones de este módulo. ¿Cuáles de las palabras acerca de hacer el cambio en tu comunidad ya has visto antes? ¿Cuáles son nuevas para ti?

Completa la Red de vocabulario de la página 99. Escribe sinónimos, antónimos y palabras y frases relacionadas para cada palabra.

Después de leer cada selección del módulo, vuelve a la Red de vocabulario y añade más palabras. Si es necesario, dibuja más recuadros.

PALABRA	SIGNIFICADO	ORACIÓN DE CONTEXTO
extensión (sustantivo)	Se le llama extensión de una idea o servicio a un programa o proyecto que se da a conocer ampliamente y llega a un gran número de personas.	Samuel trabaja como voluntario en un comedor social como parte de su extensión comunitaria.
compañerismo (sustantivo)	El compañerismo es un sentimiento amistoso entre personas que comparten experiencias.	Se formó el compañerismo entre los voluntarios que trabajaron juntos.
comunal (adjetivo)	Algo es comunal cuando se comparte entre un grupo de personas de la misma comunidad o área.	Cuidamos nuestras plantas en el huerto comunal.
residente (sustantivo)	Un residente de una casa, ciudad o país es una persona que vive en ese lugar.	La familia Giménez son los residentes de una casa en la comunidad de Bedford.

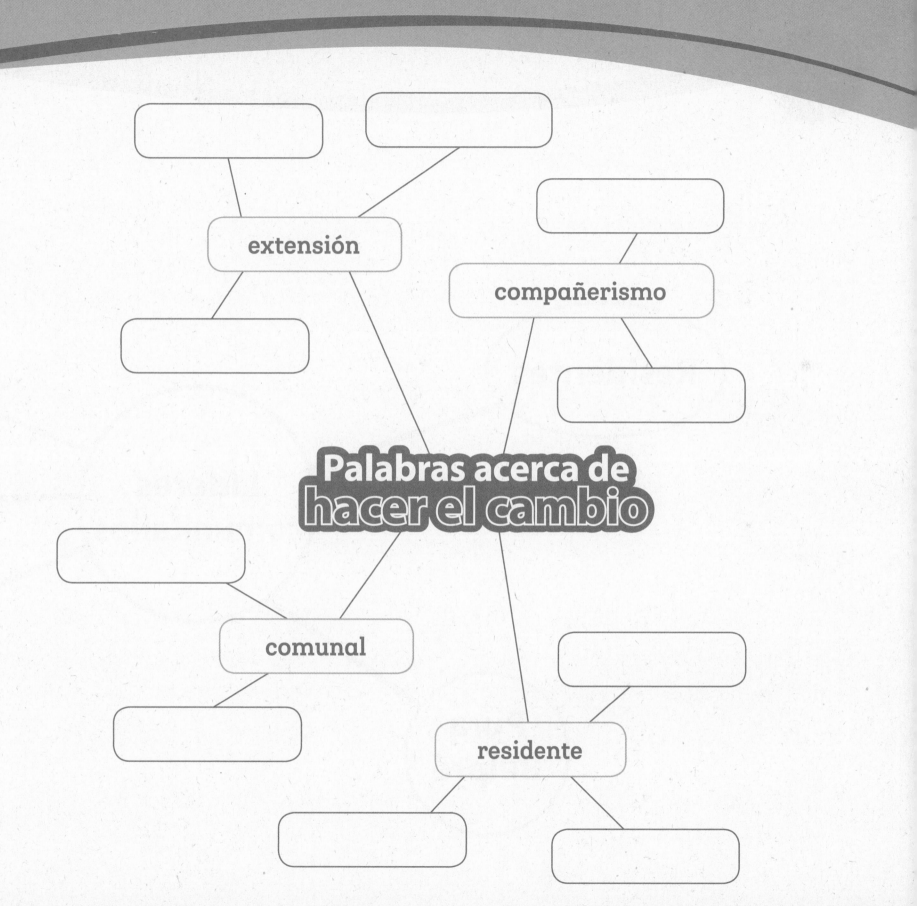

extensión

compañerismo

Palabras acerca de
hacer el cambio

comunal

residente

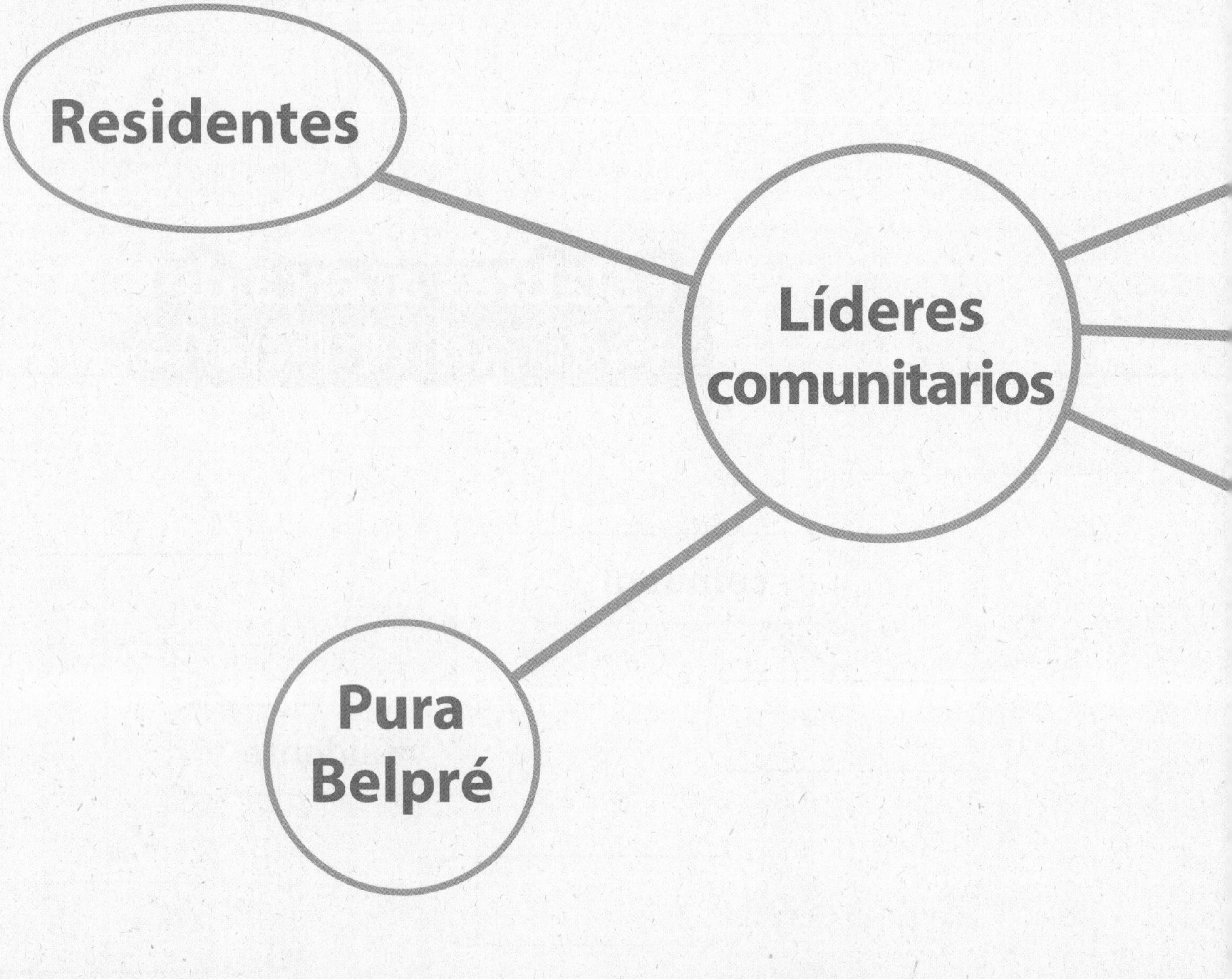

Residentes

Líderes
comunitarios

Pura
Belpré

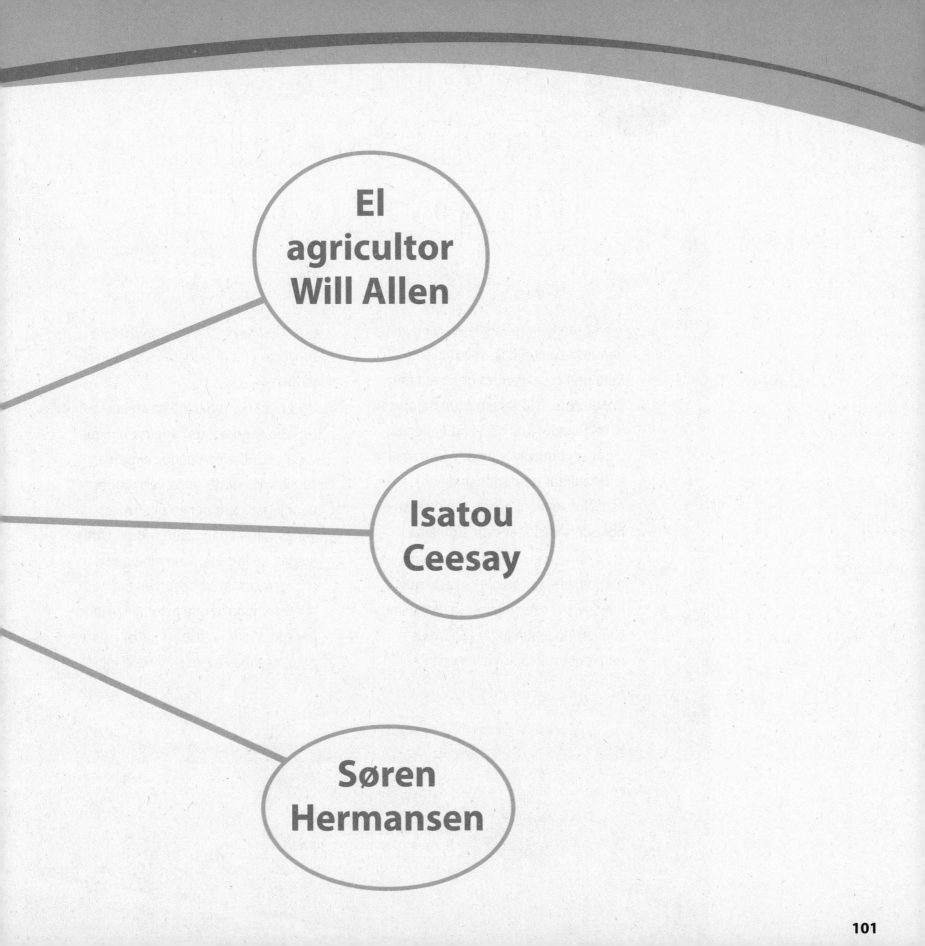

El
agricultor
Will Allen

Isatou
Ceesay

Søren
Hermansen

¡Vamos a construir un parque!

Lago

1   Cuando miro alrededor de nuestra hermosa comunidad, veo que solo falta una cosa. Pero es una cosa muy importante. ¡No tenemos un parque en el vecindario! Los niños no tienen un lugar seguro donde jugar y las familias y los amigos no disponen de un espacio comunal donde reunirse. Ya es hora de solucionar este problema.

2   Conozco el lugar perfecto para un parque: el solar grande y vacío que hay al lado de la biblioteca. Podríamos convertirlo en un lugar seguro de reuniones que unirá a los vecinos.

El vecindario debería hacer de este proyecto una prioridad. Estos son los motivos.

3   En primer lugar, no hay ningún espacio seguro para reunirse o jugar en el vecindario. Algunos niños van caminando hasta otros vecindarios para jugar, pero tienen que cruzar varias calles con mucho tráfico. Otros juegan en la calle. A un niño que conozco casi lo atropella un auto mientras jugaba a la pelota el verano pasado. Crear un espacio al aire libre para los niños es una solución lógica.

Parque para perros

4   En segundo lugar, el solar vacío es feo y peligroso. Está repleto de hierba, cristales rotos y otros desperdicios. Es un verdadero peligro para niños y mascotas. Si se construye un parque en el solar, este basurero se convertirá en un lugar del que todos los residentes se sentirán orgullosos. Imagina un lugar verde y frondoso, donde los adultos puedan relajarse a la sombra de los árboles, los niños y los perros puedan jugar y los gatos puedan… pues hacer lo que sea que hacen los gatos. ¿Verdad que sería fantástico?

5   Por último, un parque nuevo fomentará el compañerismo en la comunidad. Trabajar por un objetivo común puede unir a la gente. Sofía Vela, una residente nueva, me dijo que había ayudado a construir un parque en su vecindario anterior: "Antes del proyecto, la gente casi no se conocía. ¡Pero trabajamos juntos y nos convertimos en grandes amigos!".

6   Voy a comenzar con la extensión de mi idea por el vecindario la semana próxima. Si apoyas la construcción del parque nuevo y quieres ayudarme a hacerlo realidad, te agradecería que firmaras mi petición. ¡Trabajemos juntos para hacer de nuestra comunidad un lugar más seguro, amigable y divertido!

Quiosco

Área de juego

Canchas de baloncesto

Pabellón

Canchas de tenis

Centro recreativo

Prepárate para leer

ESTUDIO DEL GÉNERO Una **biografía** es la historia real de la vida de una persona escrita por otra persona.

- Los autores de las biografías presentan los acontecimientos en orden secuencial o cronológico.

- Los autores de las biografías pueden organizar sus ideas con encabezados y subtítulos.

- Las biografías pueden incluir ilustraciones que muestran los acontecimientos importantes de la vida de la persona.

ESTABLECER UN PROPÓSITO **Mira** los encabezados, las ilustraciones y las palabras destacadas de cada página. ¿Qué te dicen sobre el agricultor Will Allen? ¿Qué te gustaría saber sobre el agricultor Will y su mesa de cultivos? Escribe tus ideas abajo.

VOCABULARIO CRÍTICO

escasas

invernaderos

contaminación

abarrotó

tanques

vertical

fábricas

▶ **Conoce a la autora y al ilustrador:**
Jacqueline Briggs Martin y Eric-Shabazz Larkin

El agricultor Will Allen y la mesa de cultivos

ESCRITO POR Jacqueline Briggs Martin   ILUSTRADO POR Eric-Shabazz Larkin

EL AGRICULTOR WILL ALLEN

1 El agricultor Will Allen es tan alto como su camión. Puede agarrar una col (o un balón de baloncesto) con una sola mano. Cuando se ríe, todos se ríen, felices de pertenecer a su equipo. Cuando habla, todos escuchan.

2 Pero algunos dicen que lo que Will Allen tiene de especial

es que PUEDE VER LO QUE OTROS NO VEN.

¿Será verdad? Will Allen vio que un terreno abandonado en la ciudad era una mesa rebosante de comida. ¿Tendría razón?

LA MESA DE LA COCINA

3 Cuando Will Allen era niño, la mesa de la cocina siempre estaba repleta de fuentes con guisantes, verduras y frijoles de lima con jamón, sus preferidos.

4 Will cuenta: "Mi madre solía preparar comida para treinta. Nunca tuvimos auto ni televisor, pero sí buena comida". Recuerda que la gente venía a cenar cansada y decaída y luego se iba RIENDO.

5 La familia de Will cultivaba casi todos sus alimentos. A Will le encantaba la comida, pero odiaba el trabajo.

6 Tenía pensado dejar de **SEMBRAR**, **RECOLECTAR** y **ARRANCAR MALAS HIERBAS**, y cambiar los campos de Maryland por el baloncesto o un trabajo empresarial.

7 Y así fue. Se graduó de la universidad y se mudó a Bélgica para dedicarse profesionalmente al **BALONCESTO**.

8 Entonces, un amigo belga le pidió ayuda para cosechar papas. Will se dio cuenta de que "le encantaba trabajar la tierra".

COSECHÓ TANTOS ALIMENTOS

que su esposa, Cyndy, y él llenaron la mesa de la cocina de comida para celebrar la cena de Acción de Gracias con sus amigos del equipo de baloncesto.

UN NUEVO TIPO DE GRANJA

9 **W**ill dejó el baloncesto y comenzó en un trabajo empresarial en Wisconsin. También encontraba tiempo para cultivar verduras en las tierras de los padres de Cyndy.

10 Pero Will quería un lugar propio. Había visto que las verduras frescas eran tan escasas en la ciudad como las truchas en el desierto. Will creía que todos, en todas partes, tenían DERECHO a buenos alimentos.

escasas Cuando las cosas están escasas, hay muy poca cantidad de ellas.

11 **¿PERO CÓMO** iba a cultivar en medio del pavimento y de los estacionamientos **?**

12 Un día, conduciendo por Milwaukee, Will vio seis invernaderos vacíos en un terreno del tamaño de un gran supermercado, EN VENTA.

13 Will pudo ver niños, que nunca habían probado tomates maduros ni partido guisantes verdes y crujientes, sentados a su mesa, comiendo sus verduras. ¡Will Allen compró aquel terreno en la ciudad!

invernaderos Los invernaderos son recintos o espacios de cristal o plástico donde se cultivan plantas para protegerlas del clima.

SE VENDE

LA TIERRA SUCIA

14 Will comenzó a trabajar en su mesa. Tenía la tierra, pero la mesa estaba vacía. El problema era que la tierra de Will estaba "sucia", con residuos químicos por la contaminación. No tenía dinero para comprar máquinas para sacar la tierra mala, ni para comprar tierra buena.

¿QUÉ PODÍA HACER?

15 En Bélgica, Will había aprendido a elaborar fertilizante para la tierra con los desperdicios de los alimentos. A este proceso lo llamaban compostaje. Pero necesitaba mucha cantidad de desperdicios. Will pidió a sus amigos que le guardaran los restos de comida, desde cáscaras de manzana hasta calabacines dañados.

16 Will recogió los desechos en cubos blancos grandes y los amontonó en pilas.

17 A las pilas les añadió heno, hojas, papel de periódico, LOMBRICES rojas y agua. Movía las pilas de vez en cuando para que entrara aire en la mezcla. Los niños del vecindario se acercaban a preguntarle qué estaba haciendo.

18 Will les explicó lo que eran las pilas y que las lombrices rojas ayudarían a que los desperdicios se convirtieran en compost o abono. Los niños volvían cada día para ayudarle.

> **contaminación** La contaminación es material dañino o tóxico que hay en el aire, el agua y la tierra.

Mis notas ✎

19 Un día llegaron malas noticias:

LAS LOMBRICES ROJAS SE ESTABAN MURIENDO.

20 Will y los niños estudiaron a las lombrices durante cinco años.
Aprendieron que no podían darles demasiada comida. Y descubrieron
cuál era el mejor menú para las lombrices rojas:

> nada de chiles picantes, cebollas, ajo;
>
> muchas cáscaras de sandía, restos de
>
> boniato, melaza.

Desde entonces, el equipo serpenteante ha estado trabajando
arduamente. Will dice que la "magia" de las lombrices
es la que hace crecer su granja.

AGRANDANDO LA MESA: EL PODER DEL CULTIVO

21 Cuando la tierra estuvo fértil, Will comenzó a sembrar verduras. Pero no tenía mucho espacio. ¿Cómo podía

CULTIVAR SUFICIENTES ALIMENTOS

en un terreno tan pequeño en el medio de la ciudad?

22 Will Allen miró a su alrededor. Vio que tenía *todo* el espacio desde la tierra bajo sus pies hasta el techo de los invernaderos.

23 Colgó canastas con plantas del techo. Cultivó verduras en cubos y en surcos. Abarrotó los estantes con macetas de espinacas, acelgas, lechugas. Cultivó un montón de diminutos brotes para ensalada en cajas, cientos de cajas.

24 Will construyó más invernaderos para poner más cajas y más surcos largos de verduras. Trajo tanques de agua con peces. El agua de los peces hace crecer los brotes. Los brotes limpian el agua de los peces.

LOS PECES, EL AGUA Y LOS BROTES FUNCIONAN A LA VEZ

como una MÁQUINA AGRÍCOLA de tres partes.

25 Después, trajo cabras, gallinas, pavos y abejas a aquella granja de ciudad que llamó: "El poder del cultivo".

abarrotó	Si una persona abarrotó un lugar, lo llenó y no dejó ningún espacio vacío.
tanques	Los tanques son recipientes grandes que contienen agua u otros líquidos.

26 El agricultor Will trabaja vestido con pantalones de mezclilla y un suéter azul con las mangas cortadas. Trabaja desde la primera hora de la mañana hasta la noche. Aun así, una sola persona nunca hubiera podido cultivar todos los alimentos que Will quería. ¿Dónde podría encontrar más agricultores en medio de la ciudad?

27 Will Allen miró a su alrededor.

Vio adolescentes, estudiantes, padres, abuelos.

LES ENSEÑÓ A SER AGRICULTORES.

Así, la mesa de Will llegó a tener tantos alimentos como algunos supermercados: miles de libras de comida.

28 Algunos vecinos que vivían en los rascacielos, lejos de la tierra de cultivo, venían —y todavía vienen— a la granja de Will a comprar verduras frescas, pescado y huevos. La gente iba —y sigue yendo— a los restaurantes más lujosos a disfrutar de la comida de Will.

29 Pero Will quería que su mesa pudiera alimentar a la gente de todo el mundo. ¿Cómo podía construir una mesa GIGANTE que cruzara los continentes?

30 Will pensó en el problema que suponía construir una mesa del tamaño del mundo. Miró a su alrededor y vio a todos los ayudantes que habían aprendido a ser agricultores. Les enseñaría a las personas **DE TODAS PARTES** a cultivar alimentos para sus mesas.

31 Will Allen comenzó a viajar. Ha cruzado los Estados Unidos de lado a lado para enseñarles a los demás cómo cultivar en la ciudad. Y ha llevado sus lombrices a Kenia, a Londres... **¡AL MUNDO ENTERO!**

32 El mundo también ha visitado su granja de Milwaukee. Cada año, veinte mil visitantes llegan a los invernaderos a ver las cabras y a probar las verduras, y se van a casa pensando en cómo **HACER UNA GRANJA** en un terreno en la ciudad, una azotea o una autopista abandonada.

WILL Y LOS CINCUENTA MILLONES

33 ¿Y ya terminó Will Allen? **¡NUNCA!**

34 "Necesitamos cincuenta millones de personas más que cultiven alimentos en sus porches, en macetas, en jardines", dice. Will siempre busca formas nuevas de hacer que las mesas crezcan: más terrenos en los patios de las escuelas, una granja vertical de cinco pisos, granjas en fábricas o almacenes vacíos.

35 Will Allen sueña con el día en que las granjas en las ciudades sean tan comunes como los faroles y QUE TODAS LAS MESAS ESTÉN REPLETAS DE BUENA COMIDA.

TU MESA

36 **W**ill Allen puede ver lo que otros no ven. Cuando ve niños, ve agricultores.

37 ¿Te gustaría unirte al equipo de Will Allen? ¿Cultivarías verduras para tu familia y tus vecinos en el porche, el tejado o el jardín?

38 ¿Cuán grande será **TU** mesa?

---

vertical Algo que está vertical está de pie u orientado hacia arriba.

fábricas Las fábricas son edificios grandes donde las personas hacen todo tipo de productos usando maquinarias.

Conversación colaborativa

Vuelve a leer lo que escribiste en la página 104. Comenta con un compañero dos cosas que hayas aprendido sobre el agricultor Will Allen y su mesa de cultivos. Luego trabaja en grupo y comenta las preguntas de abajo. Busca detalles y ejemplos en *El agricultor Will Allen y la mesa de cultivos* para apoyar tus ideas. Toma notas para responder las preguntas y úsalas cuando hables.

1 Vuelve a leer las páginas 109 a 111. ¿Cuáles son algunos de los motivos por los que el granjero Will Allen quería abrir una granja en un terreno con invernaderos viejos y vacíos?

2 Repasa las páginas 114 y 115. ¿Cómo le añadió espacio Will a su terreno pequeño en la ciudad?

3 ¿Qué ejemplos apoyan la idea del autor de que Will "puede ver lo que otros no ven"?

Sugerencia para escuchar

Escucha atentamente los ejemplos e ideas de todos los hablantes. ¿Podrías decir lo que dijo cada uno con tus propias palabras?

Sugerencia para hablar

Si tienes dudas sobre la idea del hablante, pídele que te dé más información para comprender mejor.

Escribir un informe de instrucciones

TEMA PARA DESARROLLAR

En *El agricultor Will Allen y la mesa de cultivos*, leíste cómo Will Allen creó una huerta en la ciudad. Tuvo que ser creativo con su planificación y encontró algunos problemas en el camino.

Imagina que tu clase tiene pensado crear una huerta como la de *El agricultor Will Allen y la mesa de cultivos*. Antes de que tu clase pueda comenzar la huerta, debes enviarle un informe al director. Tu tarea consiste en escribir un informe explicando cómo comenzar, construir y mantener una huerta. Piensa en los tipos de frutas y verduras que puedes cultivar y ten en cuenta los problemas que puedes tener. No olvides usar algunas de las palabras del Vocabulario crítico en tu escritura.

PLANIFICAR

Toma notas de los problemas que encontró el granjero Will Allen y cómo los resolvió mientras creaba su huerta.

Ahora escribe tu informe sobre cómo crear y mantener una huerta de la clase.

✓ Asegúrate de que tu informe de instrucciones

- ☐ comienza presentando el tema.
- ☐ incluye datos y detalles del texto que apoyen tu idea principal.
- ☐ usa palabras de transición para conectar los pasos del proceso.
- ☐ termina con una oración de cierre.

Prepárate para leer

ESTUDIO DEL GÉNERO ▶ Una **biografía** es la historia real de la vida de una persona escrita por otra persona.

- Los autores de las biografías presentan los acontecimientos en orden secuencial o cronológico.

- Las biografías pueden decir cómo se sintieron las personas reales acerca de los acontecimientos descritos en el texto.

- Los autores de las biografías usan lenguaje y recursos literarios, como detalles sensoriales y lenguaje figurado.

- Las biografías incluyen pronombres y adjetivos posesivos de tercera persona, como *él*, *ella*, *ellos*, *ellas*, *su*, *sus*, *suyo*, *suya*, *suyos* y *suyas*.

ESTABLECER UN PROPÓSITO ▶ **Piensa en** el título de la biografía. Este cuento trata sobre Isatou Ceesay. ¿Qué te gustaría conocer sobre su historia? Escribe tus ideas abajo.

Conoce a la autora y a la ilustradora:
Miranda Paul y Elizabeth Zunon

122

Una bolsa de plástico

Isatou Ceesay y las mujeres recicladoras de Gambia

MIRANDA PAUL

ILUSTRACIONES DE
ELIZABETH ZUNON

Njau, Gambia

1   Isatou camina con el mentón helado. Enormes gotas de lluvia caen sobre sus brazos desnudos. Su rostro se oculta bajo la sombra de una cesta de hojas de palmera, que le pinchan el cuello con cada paso.

2   El aroma cálido de la madera ardiendo y de un burbujeante estofado de cacahuate flota en el aire. Su pueblo está cerca. Levanta la nariz y huele profundo.

3   La cesta se inclina.

4   Una fruta cae.

5   Luego, dos

6   Luego, diez.

7   La cesta se rompe. Isatou tropieza.

8   Algo sedoso baila ante sus ojos y suaviza su enojo. Se mueve como una bandera, ondeando con el viento, y se posa bajo un árbol de tamarindo. Isatou desliza la extraña tela entre sus dedos y descubre que puede llevar cosas dentro. Coloca las frutas en su interior.

9   Ya la cesta no sirve. La desecha. Sabe que se descompondrá y volverá a mezclarse con la tierra.

10   Cuatro cabras reciben a Isatou
mientras la abuela Mbombeh sale del
cobertizo de la cocina:

—¡Date prisa antes de que la lluvia
moje tu hermoso *mbuba*! —le dice.

11   Isatou entra corriendo y su abuela le sirve arroz picante y pescado.
La lluvia repica sobre el tejado de aluminio chirriante.

12   —Rompí su canasta —confiesa Isatou—. Pero encontré esto.

13   —Plástico —dice la abuela y frunce el ceño—. Hay más en la ciudad.

confiesa Si una persona confiesa algo, admite que ha hecho o dicho algo incorrecto.

14 Día tras día, Isatou ve como sus vecinos guardan sus cosas en bolsas brillantes de plástico azules o negras. Los niños beben agua y *wanjo* a través de diminutos agujeros que perforan en las bolsas. Las bandejas del mercado llenas de *minties* están envueltas en arcoíris de plástico.

15 "Los colores son hermosos", piensa. Levanta la bolsa y el asa se rompe.

16 Se escapa un papel.

17 Luego, dos.

18 Luego, diez.

19 Isatou sacude la arena de los papeles. Otra bolsa de plástico se le acerca volando y mete sus cosas dentro.

20 Ahora, la bolsa rota no sirve. La arroja sobre la tierra, como hacen todos. No hay ningún otro lugar donde botarla.

21   Día tras día, la bolsa que arrojó sobre la tierra sigue allí. Una bolsa de plástico se convierte en dos.

22   Luego, diez.

23   Luego, cien.

24   "Las bolsas de plástico ya no son hermosas", piensa. Sus pies se mueven por un camino más limpio y el pensamiento desaparece.

25   Los años pasan e Isatou se convierte en mujer. Apenas nota la fealdad que crece a su alrededor...

    ... hasta que la fealdad la alcanza.

26   Isatou escucha llorar a una cabra y corre hacia la casa de su abuela. ¿Por qué está atada? ¿Dónde están las demás cabras?

27   Dentro, el carnicero habla en voz baja.

28   —Muchas cabras han estado comiendo esto —dice—. Las bolsas se tuercen en su interior y los animales no sobreviven. Ahora tres de sus cabras y muchas otras en el pueblo han muerto.

29   A la abuela Mbombeh se le hunden los poderosos hombros. Isatou debe ser fuerte y hacer algo. ¿Pero qué?

30   Los pies de Isatou la llevan por el camino viejo y feo. Hay una pila de basura tan grande como el cobertizo de la abuela. Los mosquitos pululan cerca de charcos de agua sucia junto a la basura. El humo de los desperdicios de plástico quemados le inunda la nariz. Sus pies retroceden.

31   Las cabras pasan correteando. **Rebuscan** comida entre la basura. Sus pies se detienen. Ya ha visto demasiado. Ya no puede ignorarlo.

32   Aguanta la respiración y saca una bolsa de plástico de la pila.

33   Luego, dos.

34   Luego, diez.

35   Luego, cien.

rebuscan   Cuando los animales rebuscan, registran con cuidado un lugar para encontrar comida.

131

36   —¿Qué podemos hacer? —pregunta Isatou a sus amigas.

37   —Vamos a lavarlas —dice Fatim al tiempo que saca el jabón de *omo*. Maram agarra un cubo e Incha saca agua del pozo. Peggy busca pinzas y cuelgan las bolsas lavadas en el tendedero.

38 Mientas las bolsas se secan, Isatou observa a su hermana tejer.

39 —¿Me enseñas?

40 —*Waaw*, sí.

41 Su hermana le enseña las puntadas a Isatou y le da una herramienta de metal. Los dedos de Isatou enlazan… dentro… fuera… y una vuelta.

42 —*Jerejef*, gracias.

43   Isatou encuentra una escoba y de la madera talla una herramienta.

44   —¿Para qué es eso? —le pregunta Fatim.

45   Isatou se detiene. Ella y Peggy tienen una idea, pero ¿pensarán sus amigas que es una locura? ¿Funcionará acaso?

46   Nerviosa, explica el plan.

47 Una de sus amigas se ofrece a ayudar.

48 Luego, dos.

49 ¡Luego, cinco!

50 Las mujeres cortan las bolsas en tiras y las enrollan en bobinas de hilo de plástico. Enseguida, aprenden a tejer con ese hilo.

51 —¿*Naka ligey be*? —pregunta la abuela—. ¿Cómo va el trabajo?

52 —*Ndanka, ndanka* —responde Isatou—. Lento. Algunas personas del pueblo se ríen de nosotras. Otras dicen que somos unas sucias. Pero creo que estamos haciendo algo bueno.

53 Las mujeres tejen a la luz de las velas, lejos de aquellos que se burlan de ellas… hasta que llegue una mañana en la que ya no tendrán que seguir trabajando en secreto.

54   Con los dedos doloridos y ampollados, Isatou lleva las carteras **recicladas** a la ciudad.

55   Una persona se ríe de ella.

56   Luego, dos.

57   Luego, diez.

58   Luego...

recicladas   Las cosas que son recicladas se utilizan de nuevo o de una forma diferente.

59   Una mujer pone unas monedas *dalasi* sobre la mesa.

Elije una cartera y se la enseña a una amiga.

60   Luego, dos.

61   Luego, diez.

62   ¡Y entonces todo el mundo quiere una!

137

63   Isatou llena su cartera de *dalasi*. La cierra
y vuelve a casa para contarle a su abuela que ha ganado
suficiente para comprar una cabra.

64   Cuando pasa junto a la pila de basura, sonríe porque
ahora la pila es más pequeña. Isatou dice para sí: "Algún día,
desaparecerá y mi hogar será hermoso".

65   Y un día...

66 ... lo fue.

Nota de la autora

67   Viajé por primera vez a Gambia, África Occidental, en 2003 como maestra voluntaria. Fue una experiencia increíble, pero hubo algo que amenazó con arruinar mis recuerdos: los montones de basura apilados por todas partes.

68   El problema parecía demasiado grande para hallarle una solución. Hasta que una amiga me dijo que, en un pueblo, una mujer llamada Isatou Ceesay estaba tratando de arreglarlo. Mi amiga me enseñó una hermosa cartera hecha con bolsas de plástico y prometí conocer a Isatou.

69   Durante mi tercera estancia en Gambia, en 2007, me puse en contacto con Isatou y la visité en su hogar en Njau. Allí, entrevisté a muchas mujeres y niñas, incluidas las mujeres de Gambia que iniciaron el primer proyecto de reciclaje con Isatou hacía ya una década. Me contaron las historias sobre la muerte del ganado, los jardines arruinados y los brotes de malaria ocasionados por la basura. Pero también me hablaron de historias nuevas sobre familias más sanas, mayores ingresos y del beneficio en la autoestima. Aunque no pude incluir todos los detalles sobre las mujeres y su proyecto en este libro, creo que la historia que cuento captura su intención y sus logros inspiradores.

70   Hoy, Njau está mucho más limpio, las cabras están más sanas y los jardines crecen con más fuerza. Los habitantes de los pueblos cercanos viajan hasta allá para aprender la artesanía del reciclaje. Gente de todo el mundo sigue comprando las carteras de plástico y las mujeres donan parte de sus ganancias a un centro comunitario donde sus miembros reciben atención médica gratuita y aprenden a leer y escribir. Además, les enseñan los peligros de quemar desperdicios de plástico.

71   En 2012, ese centro también se convirtió en la primera biblioteca pública de la región. Cuando leas este libro, espero que ya haya un ejemplar de *Una bolsa de plástico* en los estantes de esa biblioteca y que lo estén leyendo una vez... luego, dos... luego, ¡cien veces!

Conversación colaborativa

Vuelve a leer lo que escribiste en la página 122. Comenta con un compañero dos cosas que hayas aprendido sobre Isatou y las mujeres de su comunidad. Luego trabaja en grupo y comenta las preguntas de abajo. Busca detalles y ejemplos en *Una bolsa de plástico* para apoyar tus ideas. Prepárate para participar en la conversación.

1. Vuelve a leer las páginas 125 a 128. ¿Para qué son útiles las bolsas de plástico? ¿Qué problema crean las bolsas?

2. Repasa las páginas 134 a 136. ¿Por qué es tan complicada la tarea de elaborar las carteras para Isatou y sus amigas?

3. ¿Cómo ayuda el proyecto de reciclaje de Isatou a su familia y a su comunidad?

Sugerencia para escuchar

Presta atención a cada hablante. Espera hasta que haya terminado de hablar antes de agregar tus ideas.

Sugerencia para hablar

Si no estás de acuerdo con alguien, muéstralo de forma amable. Indica qué detalles y ejemplos del texto te llevaron a dar una respuesta diferente.

Escribir un artículo de periódico

En *Una bolsa de plástico*, leíste sobre una mujer que ve un problema y encuentra una solución creativa. Ella y sus amigas convierten la basura en algo útil.

Imagina que trabajas en un periódico y que vas a escribir un artículo sobre Isatou. ¿Qué preguntas le harías? Según el texto, ¿qué crees que respondería? ¿Qué consejo les daría Isatou a los demás? Escribe un artículo donde describas el problema de Isatou y la manera creativa en que lo solucionó. Incluye citas imaginarias de Isatou.

PLANIFICAR

Describe el problema que encuentra Isatou y cómo lo soluciona. Incluye preguntas que puedas hacerle a Isatou e ideas sobre cómo ella podría responder.

Ahora escribe tu artículo de periódico sobre Isatou y su solución creativa.

Asegúrate de que tu artículo

- ☐ comienza con una introducción.
- ☐ describe el problema y la solución de Isatou.
- ☐ incluye detalles y ejemplos del texto.
- ☐ usa palabras y frases de enlace para conectar ideas.
- ☐ incluye un enunciado de cierre.

Prepárate para leer

ESTUDIO DEL GÉNERO ▶ La **narración de no ficción** ofrece información objetiva a través de un cuento.

- La narración de no ficción presenta los acontecimientos en orden secuencial o cronológico.

- Los textos sobre acontecimientos del pasado incluyen personas reales.

- Los textos de narración de no ficción sobre ciencias incluyen palabras específicas del tema y elementos visuales, como ilustraciones, mapas y diagramas.

ESTABLECER UN PROPÓSITO ▶ **Mira** el título y la ilustración de la página siguiente. ¿Qué te gustaría aprender acerca de la isla Energía y cómo la comunidad de la isla usa el viento? Escribe tus ideas abajo.

Conoce al autor e ilustrador:
Allan Drummond

VOCABULARIO CRÍTICO

cable

medioambientales

renovable

convertirse

recursos

dispuestos

allan drummond

la isla

energía

Cómo una comunidad aprovechó el viento y cambió su mundo

1   ¡Bienvenidos a la isla Energía! El verdadero nombre de esta isla es Samsø, pero nos gusta llamarla la isla "Energía".

2   Hace poco tiempo éramos habitantes comunes de una isla como otra cualquiera en plena Dinamarca. En muchos aspectos, Samsø era (y todavía es) muy parecida a donde ustedes viven. Tenemos muchos campos y granjas donde se crían vacas y ovejas, y se siembran cultivos, como papa, chícharo, maíz y fresa. Y tenemos un puerto donde atracan los barcos pesqueros y el ferri.

3   Nuestro pequeño hogar se ha hecho famoso recientemente. Científicos de todo el mundo vienen a hablar con nosotros sobre lo que hemos hecho. ¿Se preguntan por qué? Es una historia muy interesante.

4   ¡Vamos allá! ¡Aguántense los sombreros!

5   Nuestra isla está en Dinamarca, en medio del mar. Por eso aquí siempre hay mucho viento.

6   En verano, nos divertimos en la playa. En invierno, jugamos dentro de la casa.

7   Tenemos pueblos y escuelas. Los niños juegan al fútbol y los adultos van de compras al supermercado. Es una vida muy normal, excepto por el viento.

147

8   La forma en que usábamos la energía también era muy normal. En las noches oscuras de invierno, encendíamos las luces y poníamos a funcionar las estufas para calentarnos. Utilizábamos el agua caliente para todo sin pensar en lo que hacíamos. El combustible llegaba a la isla en buques petroleros y camiones cisterna, y lo utilizábamos para llenar el tanque de los autos y hacer funcionar los sistemas de calefacción. Y la electricidad venía desde tierra firme a través de un cable por debajo del mar. Hace unos años, la mayoría de nosotros no se preguntaba de dónde venía nuestra energía o cómo se producía.

cable   Un cable es un conjunto de alambres cubiertos con una envoltura gruesa que se utiliza para conducir electricidad.

9 Eso fue antes de que nuestra isla ganara una competencia poco común. El Ministro de Energía y Medioambiente de nuestro país eligió a Samsø como el lugar ideal de Dinamarca para convertirse en región independiente de energía no renovable. El profesor Søren Hermansen fue elegido para dirigir el proyecto de independencia energética. Él también era un hombre muy común…

10   Bueno, no era tan común. Tocaba el bajo en una banda. Pero su materia preferida eran los estudios medioambientales. Y estaba muy entusiasmado con la independencia energética.

11   —Díganme, estudiantes, ¿cuáles son algunas de las formas que existen para crear nuestra propia energía en la isla?

medioambientales   Los estudios medioambientales están relacionados con la protección del suelo, el agua, los animales y el aire de la Tierra.

¡Usar bicicletas en lugar de autos!

¡Quemar paja y madera!

¡Usar el aceite de los cultivos!

Energía renovable

La energía renovable proviene de recursos que nunca se agotan o que se pueden sustituir. Por ejemplo, el viento es una energía renovable porque siempre existirá. Los molinos de viento se inventaron para aprovechar esta energía.

Los ríos fluyen durante todo el año, por lo tanto, también son una fuente de energía renovable. Desde hace cientos de años se han venido utilizando las presas, los molinos de agua y otros medios para aprovechar la energía del agua.

La luz del sol, que puede convertirse en energía solar, es otro ejemplo de recurso renovable, igual que las plantas y los árboles que pueden usarse, convertirse en biocombustibles, y volver a sembrarse.

Los científicos están tratando de descubrir la manera de crear energía de la combustión de basura y desperdicios humanos.

renovable Algo que es renovable siempre va a estar disponible.

convertirse Una cosa, al convertirse, cambia de forma o cambia de una manera importante.

151

12   —Imaginen que fuéramos capaces de producir energía
suficiente del sol y de los cultivos, incluso con nuestras propias
piernas, para suministrarle energía a toda la isla. Entonces, no nos
haría falta que vinieran los buques petroleros. No tendríamos que
preocuparnos porque se agotara todo el petróleo del mundo. Y no
necesitaríamos que nos enviaran electricidad. Los recursos
renovables son mucho más limpios. ¡Y piensen en el dinero que
ahorraríamos! Tenemos que pensar a lo grande.

13   —¿Pero cree que nosotros solos somos capaces de crear toda
esa energía? —preguntó Naja—. ¿Solo con el sol, los cultivos y
nuestras piernas?

14   —Bueno, como saben —dijo Katherine—, si hay algo que
abunda en nuestra isla, es el viento. Quizás deberíamos empezar
con la energía del viento.

15   —Es una idea excelente —dijo el maestro Hermansen—.
¿Quién está conmigo?

16   —¡Aguántense los sombreros! —dijimos todos.

17   Los niños estábamos muy entusiasmados con las ideas nuevas,
pero los adultos… Bueno, les tomó tiempo acostumbrarse.

recursos Los recursos son los materiales
o las cosas que las personas pueden utilizar
para hacer un trabajo.

18 —¡Costaría millones! —dijo Jørgen Tranberg—. Ya tengo suficiente trabajo con atender a todas las vacas.

19 —¿El calor del sol? —dijo Peter Poulen—. ¿Por qué deberíamos molestarnos con eso? Con calentar mi casa y ver la televisión, me basta. No necesito ningún cambio.

20 —¿Bicicletas? —dijo Mogens Mahler—. De ninguna manera, a mí me encanta mi camión.

21 —¿Por qué nosotros? —dijo Dorthe Knudsen—. Que otra isla se encargue de eso.

22 —¿Energía renovable? —dijo Jens Hansen—. Ya estoy muy viejo para preocuparme por todo eso.

23 —Samsø es un sitio como cualquier otro —dijo Ole Jørgensen—. ¿Qué cambios podemos hacer en el mundo?

24 —¿Independencia energética? ¡Ni en sueños! —dijo Petra Petersen.

25   Pero Søren Hermansen no se iba a dar por vencido. Organizó varias reuniones locales.

26   —¡Estamos rodeados de energía! —explicó a los isleños—. Solo tenemos que trabajar y pensar a lo grande para aprovecharla al máximo.

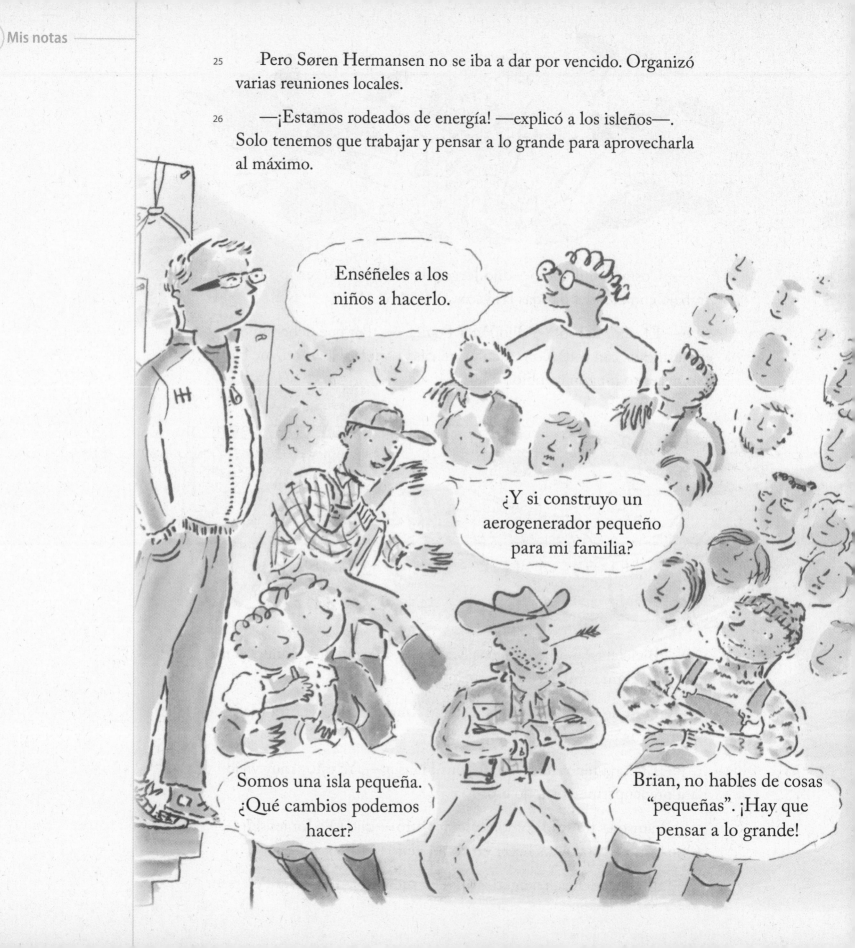

154

27 Habló con todo el mundo…

El equipo de fútbol.

Los granjeros del mercado.

Todos los maestros.

La policía.

Los pescadores.

El farero.

El supervisor del puerto.

El dentista.

28 Y así continuó durante varios años. La gente escuchaba a Søren Hermansen y muchos estaban de acuerdo con lo que él decía, pero no ocurría nada. ¿Estaban dispuestos a cambiar?

dispuestos Todos los que están dispuestos a hacer algo están de acuerdo en hacerlo y preparados para intentarlo.

155

29   Un día, el electricista Brian Kjær llamó a Søren Hermansen.

30   —No estoy pensando a lo grande —le dijo—, pero me gustaría poner otro aerogenerador junto a mi casa.

31   Jørgen Tranberg sí pensaba a lo grande:
    —Yo quiero un aerogenerador gigante. Invertiré todo mi dinero y luego venderé la electricidad que produzca.

32   El maestro Hermansen estaba emocionado. Dos proyectos de energía renovable habían comenzado. ¡Uno muy pequeño y otro muy grande!

33   Brian Kjær llamó a sus familiares y amigos para que le ayudaran a montar el aerogenerador, mientras que Jørgen Tranberg necesitó un barco grande, unos camiones gigantes y dos enormes grúas para el suyo.

34   El proyecto de Samsø había comenzado, pero todavía estábamos utilizando gran cantidad de energía no renovable. Parecía que nunca íbamos a lograr nuestro sueño. Hasta que una noche de invierno…

35   El granizo y la nieve cubrieron la isla. De repente, se fue la electricidad en toda la isla. ¡Todo estaba oscuro!

36   Todo, menos la casa de Brian Kjær.

37   —¡Electricidad gratis! —gritó el señor Kjær—. ¡Mi aerogenerador funciona! Esta noche tengo independencia energética.

38   Como era de esperar, las aspas del nuevo generador del señor Kjær silbaban y zumbaban con el viento.

39   —¡Aguántense los sombreros! —gritó Søren Hermansen.

40   Las noticias vuelan en una isla tan pequeña como Samsø. Después de aquella noche, todos querían saber cómo podían crear su propia energía.

41   Ahora, Søren Hermansen tenía más trabajo que nunca, ayudando a los habitantes a iniciar los nuevos proyectos energéticos. La isla entera se puso manos a la obra. Algunos tenían grandes ideas; otros tenían ideas más pequeñas. Pero todas eran importantes para conseguir nuestro objetivo.

42   La familia Holm instaló paneles solares en su granja. Hoy, mientras las ovejas pastan, los paneles absorben la energía del sol.

43   Ingvar Jørgensen construyó un horno de biomasa. Utiliza paja en lugar de petróleo. Y de este modo calienta su casa y las de sus vecinos.

44   De hecho, la biomasa tiene tanto éxito en Samsø que pueblos enteros se calientan por medio de la combustión de madera y paja que se siembra en la isla.

45   Erik Andersen elabora el combustible para los tractores de las plantas de colza que cultiva. Colza es una planta de cuyas semillas se extrae aceite. En los Estados Unidos se conoce como *canola*.

46   Y Betina, la esposa de Brian Kjær, recorre las calles en un auto eléctrico. Su molino de viento alimenta las baterías.

47   Hoy en día, tenemos hasta bicicletas eléctricas que se cargan con la energía del viento.

Energía eólica

Los molinos de viento se inventaron hace más de 1,000 años en el territorio que hoy se conoce con el nombre de Irán. En aquel entonces, los molinos de viento se usaban para moler cereales y bombear agua.

Estos molinos de viento se siguen utilizando en el mundo moderno y pueden hacer muchas cosas más que moler cereales. Los aerogeneradores, un tipo moderno de molino de viento, realmente crean energía eléctrica.

Cuando el viento pasa sobre las aspas, estas giran y hacen que el eje principal, a su vez, haga rotar un generador, que es el que crea la energía eléctrica. Cuanto más viento hay, más rápido giran las aspas y más energía crea el generador.

Antes de construir un aerogenerador, los científicos hacen mediciones para determinar cuáles son los lugares con más viento. Hoy en día, hay aerogeneradores en montañas, arriba de los edificios e incluso en el mar. La electricidad que crean los aerogeneradores se puede usar para suministrar energía a una sola casa o edificio, o se puede conectar a una red energética que abastece a una comunidad entera.

48   En la isla, cada uno de nosotros tiene una historia sobre la independencia energética. Por eso gente de todo el mundo quiere escuchar las últimas novedades sobre la isla Energía.

49   Veamos si Jørgen Tranberg nos lleva por la escalera hasta lo alto de su fantástico aerogenerador, así podremos ver a Samsø hoy en día.

50   Como pueden ver, están ocurriendo muchas cosas. Ahora, tenemos un montón de aerogeneradores. Allá abajo está el nuevo centro de aprendizaje de Samsø, la Academia de la Energía, donde niños y adultos de todo el mundo vienen a conocer nuestros logros y a hablar sobre ideas nuevas para crear, compartir y ahorrar energía.

51   Adivinen quién es el director de la academia. Un profesor extraordinario llamado Søren Hermansen.

52   Las cosas han cambiado totalmente en nuestra isla en los últimos años.

53   Ya no necesitamos los barcos petroleros para que nos traigan combustible. Y no necesitamos electricidad de tierra firme. Todo lo contrario, en los días en que hace mucho viento, producimos tanta energía que enviamos nuestra electricidad por el mismo cable debajo del mar para que la usen los demás habitantes de Dinamarca.

54   A pesar de ser una isla pequeña, Samsø ha hecho un cambio en el mundo porque ha reducido las emisiones de carbono en un 140 por ciento en solo diez años. Y lo conseguimos trabajando todos juntos.

55   ¡Así fue como nos ganamos el nombre de la isla Energía!

56   ¿Y qué pueden hacer ustedes para hacer un cambio en su isla?

57   ¿Cómo dicen? ¿Que no viven en una isla?

58   Bueno, quizás crean que no viven en una isla, pero en realidad no es así. Todos vivimos en una isla. Somos habitantes de la isla más grande de todas: el planeta Tierra. Y es nuestra responsabilidad buscar maneras de protegerla.

59   Estamos rodeados de energía renovable. Solo tenemos que trabajar juntos para usarla de la mejor forma. ¡Aguántense los sombreros!

Conversación colaborativa

Vuelve a leer lo que escribiste en la página 144. Dile a un compañero dos cosas que aprendiste acerca de la isla Energía y de cómo la comunidad usa el viento. Luego, trabaja en grupo y comenta las preguntas de abajo. Busca detalles y ejemplos en *La isla Energía* para apoyar tus ideas. Toma notas para responder las preguntas y úsalas cuando hables.

1 Repasa las páginas 150 a 152. ¿Qué evidencia demuestra que los niños de Samsø están más entusiasmados con el proyecto de energía que los adultos?

2 Compara la forma en que los habitantes de Samsø usaban la energía al principio del cuento con la forma en que cumplieron sus objetivos energéticos después de la tormenta. ¿Qué cambió?

3 Vuelve a leer las páginas 160 a 162. ¿Cómo muestra el autor que la isla es un buen ejemplo para los demás? ¿Qué evidencia muestra que otras personas comparten el punto de vista del autor?

Sugerencia para escuchar

Si tienes dificultades para escuchar a alguien de tu grupo, pídele a esa persona que hable un poco más alto.

Sugerencia para hablar

Expresa tus ideas con claridad y a un ritmo que no sea demasiado rápido o demasiado lento.

Escribir una entrada de enciclopedia

TEMA PARA DESARROLLAR

En *La isla Energía*, aprendiste cómo colaboró una comunidad para cambiar la forma de usar la energía. La gente comenzó a usar recursos renovables para suministrar energía a la isla.

Imagina que una enciclopedia en línea pide a los lectores que creen una entrada nueva sobre los recursos energéticos renovables y tú quieres participar. Escribe un párrafo sobre los recursos energéticos renovables usando la información que aprendiste en *La isla Energía*. Piensa en los aspectos positivos y negativos de los recursos renovables. No olvides usar algunas de las palabras del Vocabulario crítico en tu escritura.

PLANIFICAR

Escribe datos y detalles sobre los recursos renovables que encuentres en el texto y en las barras laterales.

ESCRIBIR

Ahora escribe tu entrada para la enciclopedia en línea sobre los recursos energéticos renovables.

Asegúrate de que tu entrada
☐ plantea tu idea principal con claridad.
☐ está organizada de forma lógica.
☐ incluye datos y detalles sobre los recursos energéticos renovables.
☐ termina con una oración de cierre.

Prepárate para leer

ESTUDIO DEL GÉNERO La **ficción histórica** es un cuento ambientado en un tiempo y en un lugar reales en el pasado.

- La ficción histórica puede incluir personas reales, además de personajes ficticios o imaginarios.

- La ficción histórica incluye personajes que actúan, piensan y hablan como lo harían las personas reales en el pasado.

- Los autores de la ficción histórica cuentan un cuento o historia a través de acontecimientos importantes.

ESTABLECER UN PROPÓSITO **Mira** las ilustraciones y el título del cuento. ¿Qué te gustaría saber sobre la narradora de los cuentos y su velita? Escribe tus ideas abajo.

Conoce a la autora y a la ilustradora:
Lucía González y Lulu Delacre

VOCABULARIO CRÍTICO

delgada

aproxima

preparativos

titilaba

galante

concluyó

La
velita de los cuentos

Cuento
Lucía González

Ilustraciones
Lulu Delacre

Introducción

1   Durante los primeros años de la Gran Depresión
(1929–1935), muchos puertorriqueños dejaron su islita en busca
de trabajo y de oportunidades en la gran ciudad de Nueva York.
Muchos de ellos se establecieron en una sección del norte de
Manhattan que llegó a ser conocida como El Barrio.

2   Los inviernos eran duros para la gente de El Barrio, pues era
cuando más extrañaban el calor tropical de su isla. Fue entonces
cuando algo maravilloso sucedió. Una talentosa narradora de
cuentos, la señora Pura Belpré, fue empleada como la primera
bibliotecaria puertorriqueña de la Biblioteca Pública de Nueva
York. A través de su trabajo, sus cuentos y sus libros, la señora
Belpré les trajo a los niños de El Barrio el calor y la belleza de
Puerto Rico.

– Lucía González

3 Hildamar y su primo Santiago titiritaban de frío mientras regresaban de su casa a la escuela. El viento helado les congelaba las manos y hacía que la cara les hormigueara. Era la última semana de clases antes de las vacaciones de invierno. ¡Y era también la primera Navidad de Hildamar en Nueva York!

4 Al llegar el invierno a Nueva York, Hildamar se quedó asombrada. ¡Nunca había sentido tanto frío! Solo meses antes había viajado con su familia desde Puerto Rico a Nueva York en un gran barco de vapor llamado El Ponce. El viaje tardó cinco días. Ahora, el sol del verano se sentía muy pero muy lejos de El Barrio.

5 Hildamar y Santiago se apuraron para llegar a casa a calentarse las manos al lado del viejo fogón de hierro.

6   Esa noche, la familia se reunió a cenar juntos.

7   —¡*Bendito!* —suspiró mamá Nenita—. ¡Qué falta me hacen las noches calientitas de diciembre en nuestra islita!

8   —¡Ah! —dijo tío Pedro, el papá de Santiago—, ¡lo que yo más extraño son los *pasteles* y el delicioso olor a lechón asado por todos lados!

9   —¡Me acuerdo de las *parrandas* y los *aguinaldos* cuando la familia y los vecinos venían a visitarnos, a cantar, a bailar y a comer! —dijo titi María, la mamá de Santiago, cerrando los ojos y tarareando una melodía.

10   —¡El mejor día del año era el Día de los Reyes! —añadió Santiago.

11   —¿Y los Reyes vienen hasta Nueva York? —preguntó Hildamar—. ¿Van a venir este año?

12   Al día siguiente, de camino a la escuela, como todos los días, Hildamar, Santiago y titi María pasaron frente a un gran edificio con ventanas que parecía invitar a entrar a la gente que pasaba. Este edificio era diferente a los otros edificios de apartamentos oscuros que se extendían de una esquina a la otra de cada calle.

13   —Titi María, ¿qué hay ahí adentro? —preguntó Hildamar—. ¿Podemos entrar?

14   —Esa es la biblioteca —contestó titi María—, y las bibliotecas no son para niños alborotosos como ustedes.

15   —¿Y es para gente grande como tú? —preguntó Santiago.

16   —Nosotros no hablamos inglés y ahí nadie habla español —les dijo. Y por eso no entraron.

17   Pero aquella misma tarde, una invitada muy especial llegó a la clase de Hildamar y Santiago. Era una señora alta y delgada, de ojos oscuros que brillaban como luceros en la noche. Cuando hablaba, sus manos se movían como las alas de un pájaro en pleno vuelo.

18   —Buenos días —dijo—. Me llamo Pura Belpré y vengo de la biblioteca pública. Traigo cuentos y títeres para compartir con ustedes hoy.

19   La señora Belpré les contó con los títeres cuentos en inglés y en español. Todos se rieron con el cuento de Juan Bobo persiguiendo un caldero de tres patas. Al concluir la presentación, la señora Belpré invitó a todos los niños a que visitaran la biblioteca durante las vacaciones de invierno.

20   —La biblioteca es para todos —les dijo.

21   Hildamar estaba ansiosa de llegar a casa y darles la buena noticia a todos los de El Barrio.

22   Ese día, cuando titi María recogió a los niños en la escuela, ellos le contaron todo sobre la invitada especial, los cuentos, los títeres y la biblioteca.

23   —¡Titi, titi! ¡En la biblioteca hablan español! —exclamó Hildamar.

24   —¿Podemos ir hoy a la biblioteca? —le rogó Santiago.

25   —¿Español? ¿En la biblioteca? Pero nenes, hoy estoy muy ocupada —contestó titi María—. Les prometo que los llevo un día de estos.

26   —Yo quiero que mami venga también —dijo Hildamar—, pero ella siempre está trabajando.

27   —A lo mejor todos podremos ir el sábado —sugirió titi María.

28   —¡Que viva! —aplaudieron Hildamar y Santiago y se pusieron a saltar. Saltaron hasta llegar a la bodega Santurce, donde don Ramón y doña Sofía vendían habichuelas, verduras frescas, pan y café.

delgada   Una persona delgada es flaca.

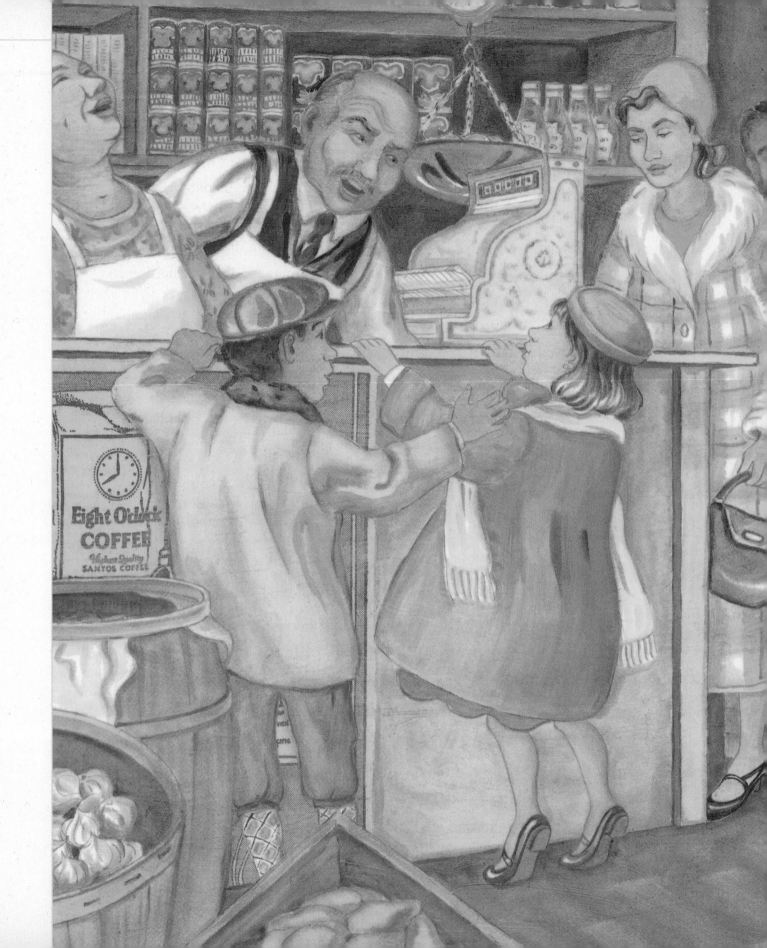

29 —¿Y por qué están hoy tan alegres estos nenes? —preguntó doña Sofía, asomándose desde detrás del mostrador.

30 —¿Qué buenas noticias nos traen hoy? —les preguntó don Ramón.

31 —¡En la biblioteca hablan español, don Ramón! —declaró Hildamar. Los otros clientes que se encontraban en la bodega se interesaron en escuchar lo que Hildamar tenía que contar.

32 —¡Qué bueno! —exclamaron.

33 —¿Y tendrán libros en español? —doña Sofía quería saber.

34 —¡Bueno, ya veremos! —dijo don Ramón.

35 Ese sábado, la mamá de Hildamar y titi María invitaron a doña Sofía y a don Ramón a que fueran con ellos a su primera visita a la biblioteca. Santiago invitó a su amigo Manuel.

36 Caminando por las calles cubiertas de nieve, el grupo recordaba las Navidades pasadas en su país. Pronto llegaron al hermoso edificio.

37 Los adultos se quedaron atrás, deteniéndose a mirar las altas puertas del edificio, dudando si deberían pasar. Los niños subieron las escaleras corriendo. ¡No podían esperar!

38 Dentro, los niños llenaban el lugar. La señora Belpré los recibió con una sonrisa.

—¡Bienvenidos! —les dijo.

39 La velita de los cuentos ya estaba encendida y el cuento comenzó:

—Había una vez y dos son tres en Puerto Rico… —la señora Belpré contó un cuento que Hildamar y Santiago ya habían escuchado, uno que su abuela les había contado sobre una linda cucarachita española, que se llamaba Martina, y su galán, el ratoncito Pérez. El cuento terminó con un mar de aplausos.

40 —Ahora cierren los ojos y pidan lo que más deseen —susurró la señora Belpré—. Apagaremos la velita y sus deseos se harán realidad.

41 Los niños cerraron bien los ojos y pidieron lo que deseaban.

42 Cuando los niños abrieron los ojos, la señora Belpré anunció:

—Se aproxima el Día de los Reyes. Este año queremos hacer una gran fiesta en la biblioteca, con una obra teatral, bailes y un desfile. La obra será el cuento de Pérez y Martina. ¿Quién quiere participar en la obra?

43 Santiago levantó la mano:

—¡Yo quiero ayudar!

44 —¡Yo también quiero ayudar! —gritaron los otros niños.

45 A Santiago lo escogieron para hacer el papel de ratoncito Pérez. Hildamar levantó la mano. El corazón le empezó a palpitar rápidamente cuando la señora Belpré la escogió para hacer el papel más importante de la obra: el de la cucarachita Martina.

46 —Ya tenemos a los personajes —dijo la señora Belpré—, pero todavía nos faltan el vestuario, la música y el escenario.

aproxima Si un acontecimiento se aproxima, se acerca o le falta poco por llegar.

47 Pronto se regó la voz: «¡Se habla español en la biblioteca! ¡Van a hacer una fiesta de Reyes allí!».

48 Doña Sofía le dijo a don Ramón, quien le dijo al padre Simón, quien lo anunció en la iglesia. Ese mismo domingo, después de la misa de la mañana, los vecinos se reunieron. Hasta la señora Pura Belpré asistió a la reunión.

49 —¡Por primera vez —dijeron— se celebrará el Día de los Reyes en Nueva York!

50 Todos querían ayudar.

51 —Yo me encargo de hacer los trajes —dijo titi María.

52 —Yo haré las cortinas para el escenario —anunció mamá Nenita, que trabajaba en una fábrica de costura.

53 —Y yo construiré el escenario —dijo don Ramón—. En Puerto Rico yo era carpintero.

54 Desde ese día en adelante, los vecinos iban a la biblioteca todos los días para ayudar con los preparativos para el gran día. Y todos se alegraron al descubrir que la biblioteca tenía revistas y libros en español para ellos.

55 Los niños ensayaban la obra, los bailes y los cuentos. Don Ramón les regaló cajas de madera y de cartón de la bodega para que decoraran el escenario. Las madres de El Barrio se reunían en la iglesia o en la biblioteca para cortar, pintar y pegar.

56 Por fin, el 5 de enero por la tarde, la biblioteca quedó lista para el Día de los Reyes.

> **preparativos** Los preparativos son las cosas que se hacen y preparan para un acontecimiento o una celebración.

57   Al día siguiente, todos llegaron, de lejos y de cerca. Afuera se amontonaba la nieve. Dentro de la biblioteca, los troncos ardían en la chimenea y la llama de la velita de los cuentos titilaba. La sala hormigueaba con las voces de los niños y los adultos. Todos hablaban a la vez, en inglés y en español.

58   —¡Ay, qué lindo! *How beautiful!*

59   El salón de lectura se había transformado en una isla en el Caribe. Mientras un grupo de niños cantaba *aguinaldos*, otros esperaban impacientes a que comenzara el programa.

titilaba   Si la llama titilaba, centelleaba con ligero temblor.

60 —¡Asalto! —interrumpieron con gran estruendo las voces de los *parranderos*, sorprendiendo a todos. Los niños se pararon en la punta de los pies para poder ver mejor.

61 —Saludos, saludos, vengo a saludar —cantaron los *parranderos*.

62 Doña Sofía tocaba las maracas, *chiki-chiki-chik, chiki-chik*. Don Ramón raspaba el güiro, *cha-kra-cha-kra-cha*. Y al frente del grupo, rasgueando el cuatro, estaba el señor Lebrón.

63 De pronto, ahí estaban, ¡los tres Reyes Magos! Marcharon por todo el salón, tirándoles caramelos y dulces a los niños.

64 La música dejó de tocar y comenzó la función:

—Hace muchos años, en una casita con balcón, vivía una cucarachita española llamada Martina…

65 Hildamar salió al escenario. Era una cucarachita muy hermosa. Y Santiago… ay, ¡qué ratoncito tan galante!

galante Una persona galante es atenta, amable y cortés.

66 La señora Belpré concluyó el programa en su forma habitual:

—Cierren los ojos y pidan un deseo —susurró, sujetando entre las manos la velita de los cuentos.

67 Hildamar cerró los ojos y pidió un deseo. Cuando los abrió, sus ojos se encontraron con los de la señora Belpré. Con suave sonrisa y mirada brillante, la señora Belpré dijo:

—Hoy, con la ayuda de todos, hemos traído el calor y la belleza de Puerto Rico a Nueva York. Recuerden que la biblioteca es para todos ustedes. Apaguemos juntos la velita de los cuentos y sus deseos se harán realidad.

concluyó Cuando una cosa concluyó, se terminó.

Conversación colaborativa

Vuelve a leer lo que escribiste en la página 166. Comenta con un compañero sobre lo que aprendiste. Luego trabaja en grupo y comenta las preguntas de abajo. Busca detalles y ejemplos en *La velita de los cuentos* para apoyar tus ideas. Prepárate para participar en la conversación.

1 Repasa la página 170. ¿Qué dice el texto sobre lo que piensa la familia de la vida en Nueva York?

2 Vuelve a leer las páginas 176 a 181. ¿Qué piensan Hildamar, Santiago y la gente de la comunidad del cuento de la cucarachita Martina y el ratoncito Pérez? ¿Qué detalles del texto lo apoyan?

3 ¿Qué detalles del texto demuestran que el Día de los Reyes es importante para los puertorriqueños?

Sugerencia para escuchar

Escucha para entender los detalles exactos que el hablante usa para responder una pregunta. ¿Qué otro ejemplo puedes agregar?

Sugerencia para hablar

Vuelve a plantear una idea con la que estés de acuerdo y sugiere otra para desarrollar lo que se ha dicho.

Escribir un panfleto

TEMA PARA DESARROLLAR

En *La velita de los cuentos*, leíste que Hildamar y Santiago descubrieron que la biblioteca de su nueva ciudad es un lugar maravilloso. También leíste sobre los planes de la señora Belpré para celebrar el Día de los Reyes.

Imagina que estás en la clase de Hildamar y Santiago y que la clase va a crear panfletos para compartir información sobre las actividades del Día de los Reyes en tu comunidad. Escribe uno o dos párrafos donde expliques cómo la biblioteca va a celebrar el Día de los Reyes. Incluye datos y detalles sobre la celebración, así como las actividades que tiene planeadas el personal de la biblioteca. Trata de usar algunas de las palabras del Vocabulario crítico en tu escritura.

PLANIFICAR

Escribe datos y detalles sobre el Día de los Reyes que encuentres en el texto y las ilustraciones. Haz una lista detallada de las actividades que ha planeado la señora Belpré.

ESCRIBIR

Ahora escribe tu panfleto sobre el Día de los Reyes.

Asegúrate de que tu panfleto

☐ comienza presentando el tema.

☐ incluye datos y detalles sobre la celebración.

☐ habla sobre las actividades que la biblioteca ha planeado.

☐ provee una conclusión.

(?) **Pregunta esencial**

¿Cómo puede una persona hacer un cambio importante en la comunidad local o global?

Escribir un reportaje noticiero

TEMA PARA DESARROLLAR Piensa en lo que aprendiste en las selecciones de este módulo sobre el impacto que pueden tener las personas en sus comunidades.

Imagina que vas a escribir un reportaje para el periódico de la escuela. Explicarás el impacto que pueden tener las personas en sus comunidades. Usa evidencias del texto de las selecciones para escribir tu reportaje noticiero.

Voy a escribir sobre _____.

Asegúrate de que tu reportaje noticiero
☐ incluye una introducción que explica el tema.
☐ está organizado en párrafos según los detalles de apoyo.
☐ usa evidencias del texto para apoyar tus ideas.
☐ incluye palabras de transición para conectar ideas.
☐ termina con una conclusión firme.

Vuelve a leer las selecciones y repasa las notas que tomaste. ¿Qué ideas te ayudan a explicar el tema?

En la tabla de abajo, escribe una idea principal para tu reportaje. Luego usa evidencias de los textos para escribir detalles de apoyo. Incluye datos y ejemplos de los textos para ampliar los detalles de apoyo. Intenta usar las Palabras de la idea esencial y el Vocabulario crítico en tu escritura.

Mi tema: _____

Idea principal

Detalle	Detalle	Detalle

HACER UN BORRADOR ··· Escribe tu reportaje.

Usa la información que escribiste en el organizador gráfico de la página 187 para hacer un borrador de tu reportaje noticiero.

Escribe una **introducción** que atraiga la atención de los lectores y plantee tu idea principal con claridad.

Escribe un **párrafo central** para cada detalle de apoyo, que incluya datos y ejemplos de los textos.

En la **conclusión**, vuelve a plantear la idea principal.

Los pasos de revisión y edición te dan la oportunidad de observar detenidamente tu escritura y hacer cambios. Trabaja con un compañero y determina si has explicado tus ideas con claridad a los lectores. Usa estas preguntas como ayuda para evaluar y mejorar tu reportaje.

PROPÓSITO/ ENFOQUE	ORGANIZACIÓN	EVIDENCIA	LENGUAJE/ VOCABULARIO	CONVENCIONES
☐ ¿Expresa mi reportaje una idea principal clara? ☐ ¿He conseguido no desviarme del tema?	☐ ¿Llama mi introducción la atención de mi audiencia? ☐ ¿He incluido una conclusión firme?	☐ ¿Apoyan mis ideas las evidencias del texto que incluí?	☐ ¿Usé palabras de enlace para mostrar la conexión y ayudar a que mis ideas fluyan? ☐ ¿Usé palabras descriptivas?	☐ ¿He escrito todas las palabras correctamente? ☐ ¿He usado los verbos y los adverbios correctamente?

PRESENTAR ··· Comparte tu trabajo.

Crear la versión final Elabora la versión final de tu reportaje noticiero. Puedes incluir fotografías o ilustraciones. Considera estas opciones para compartir tu reportaje:

1 Crea una presentación de diapositivas y compártela con un grupo pequeño.

2 Publica tu reportaje junto con otros como parte de un boletín informativo de la clase. Pide a tus compañeros que lo lleven a casa para que lo lean sus familiares y amigos.

3 Comparte tu reportaje con la clase como parte de una emisión noticiera.

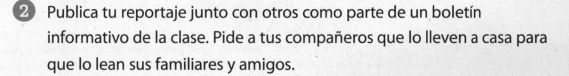

¡Imagina!
¡Inventa!

"Para inventar, necesitas muy buena imaginación y una pila de desperdicios".

—Thomas Edison

¿Qué se necesita para crear un invento exitoso?

Video de
Mentes curiosas

Palabras acerca de inventores e inventos

Las palabras de la tabla de abajo te ayudarán a hablar y escribir sobre las selecciones de este módulo. ¿Cuáles de las palabras acerca de inventores e inventos ya has visto antes? ¿Cuáles son nuevas para ti?

Completa la Red de vocabulario de la página 193. Escribe sinónimos, antónimos y palabras y frases relacionadas para cada palabra.

Después de leer cada selección del módulo, vuelve a la Red de vocabulario y añade más palabras. Si es necesario, dibuja más recuadros.

PALABRA	SIGNIFICADO	ORACIÓN DE CONTEXTO
invento (sustantivo)	Un invento es algo creado por una persona, que no existía antes.	El invento del teléfono cambió la manera como la gente se comunica.
brillante (adjetivo)	Cuando una persona, idea o cosa es brillante, es extremadamente inteligente o habilidosa.	Benjamin Franklin fue un genio brillante que hizo experimentos con la electricidad.
productivo (adjetivo)	Si eres productivo, eres capaz de hacer muchas cosas con el tiempo y los recursos que tienes.	El estudiante más productivo acaba sus tareas e incluso hace más durante la jornada escolar.
original (adjetivo)	Algo que se describe como original es el primero en su clase.	Ese tocadiscos de principios del siglo diecinueve es realmente original.

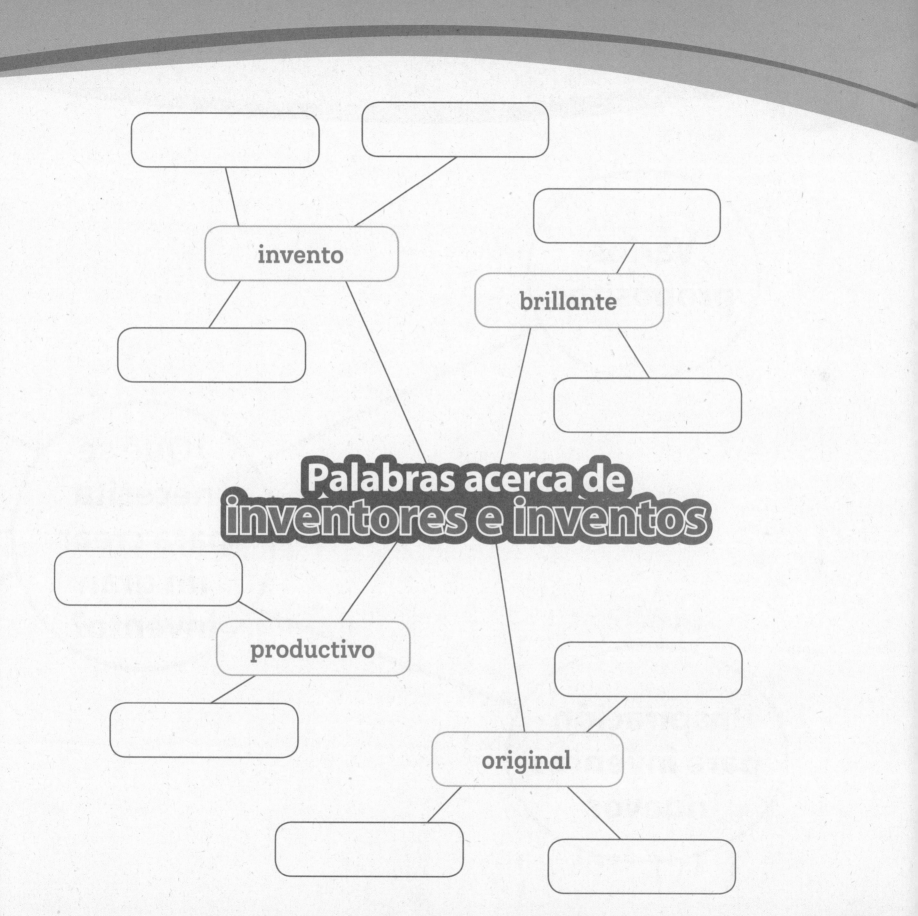

invento

brillante

Palabras acerca de
inventores e inventos

productivo

original

Varios propósitos

¿Qué se necesita para crear un gran invento?

Inspiración para inventos nuevos

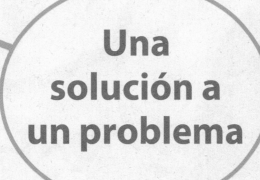

Una idea
original

Una
solución a
un problema

Lectura breve

Un siglo de inventos increíbles

1 Todo comienza con un "¡Eureka!". El inventor tiene una idea brillante. Luego, crea algo que no ha existido nunca antes. Un invento puede ser un aparato, un proceso o un descubrimiento. A menudo, resuelve un problema y facilita la vida. A veces, simplemente hace que la vida resulte más divertida. Durante el siglo XX (1900–1999), los inventores tuvieron muchísimas ideas originales. Muchos de sus inventos son parte de la vida diaria hoy en día.

2 La línea de tiempo en la página siguiente muestra algunos de los inventos más destacables del siglo XX.

1900

1903

AVIÓN

Los hermanos Orville y Wilbur Wright tenían un taller de bicicletas. Pero ese no es el motivo por el que se hicieron famosos. Ellos inventaron uno de los primeros aviones y con ello ayudaron a hacer realidad el sueño de volar de mucha gente.

TELEVISOR

Philo Farnsworth creció en una casa sin electricidad, pero a los 21 años de edad, inventó el televisor. Durante su vida, Farnsworth, quien era muy productivo, inventó cientos de cosas.

1928

CHICLE

Durante siglos, la gente masticó goma o resina de los árboles. Walter Diemer tuvo la idea de crear una goma más elástica. Los niños de hoy en día todavía siguen haciendo globos con su invento.

MONOPATÍN

1958

Nadie sabe quién fue la primera persona a la que se le ocurrió poner una tabla sobre ruedas, pero es probable que fuera un surfista. El surf se hizo cada vez más popular a finales de los años 50 y los monopatines se convirtieron en la forma de "surfear" por las calles.

VIDEOJUEGO

El primer videojuego se conoció con el nombre de *Tennis for Two* (Tenis para dos). Se inventó en el Laboratorio Nacional de Brookhaven en el estado de Nueva York. Un punto de luz hacía de pelota de tenis. Los jugadores "golpeaban" la pelota de un lado a otro pulsando un botón.

1977

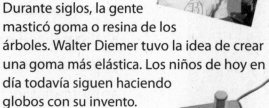

COMPUTADORA PERSONAL

1983

Una de las primeras computadoras personales tenía teclado, pero no pantalla. Para usarla, se conectaba a un televisor.

TELÉFONO CELULAR

El teléfono celular llevaba aproximadamente 10 años en el mercado antes de que alguien pudiera comprar uno. ¡Uno de los primeros teléfonos celulares pesaba casi dos libras y costaba unos $4,000!

2000

Observa y anota
Palabras desconocidas

Prepárate para leer

ESTUDIO DEL GÉNERO Una **biografía** es la historia real de la vida de una persona escrita por otra persona.

- Los autores de las biografías pueden organizar sus ideas con encabezados y subtítulos.

- Las biografías a menudo incluyen fotografías o ilustraciones de la vida de la persona.

- Las biografías incluyen pronombres y adjetivos posesivos de tercera persona, como *él, ella, ellos, ellas, su, sus, suyo, suya, suyos* y *suyas*.

ESTABLECER UN PROPÓSITO **Piensa en** el título y el género de este texto. ¿Qué sabes de Thomas Edison? ¿Qué crees que vas a aprender sobre él y sus inventos? Escribe tus ideas abajo.

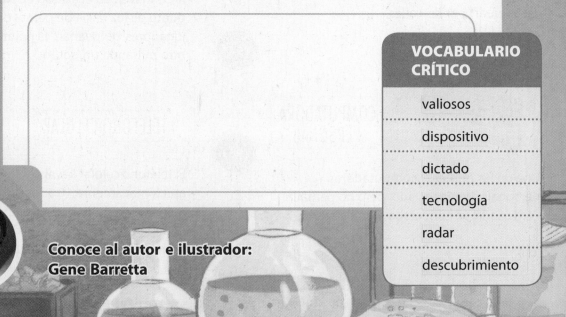

**Conoce al autor e ilustrador:
Gene Barretta**

VOCABULARIO CRÍTICO

valiosos

dispositivo

dictado

tecnología

radar

descubrimiento

Por siempre Thomas

Cómo Thomas Edison cambió nuestra vida

GENE BARRETTA

1 ¿*Alguna vez* has pensado en inventar algo? Nunca se es muy joven para intentarlo.

2 Thomas Alva Edison comenzó a hacer experimentos desde que era un niño. Así es. Ese fue el comienzo de una vida dedicada a mejorar el mundo con sus ideas e inventos brillantes.

3 Pero Thomas no podía hacerlo solo. Cuando creció, reunió a un grupo grande de científicos, ingenieros, mecánicos y artesanos en Menlo Park, Nueva Jersey. Juntos abrieron el primer laboratorio de investigación y desarrollo del mundo, que se dio a conocer como la fábrica de inventos.

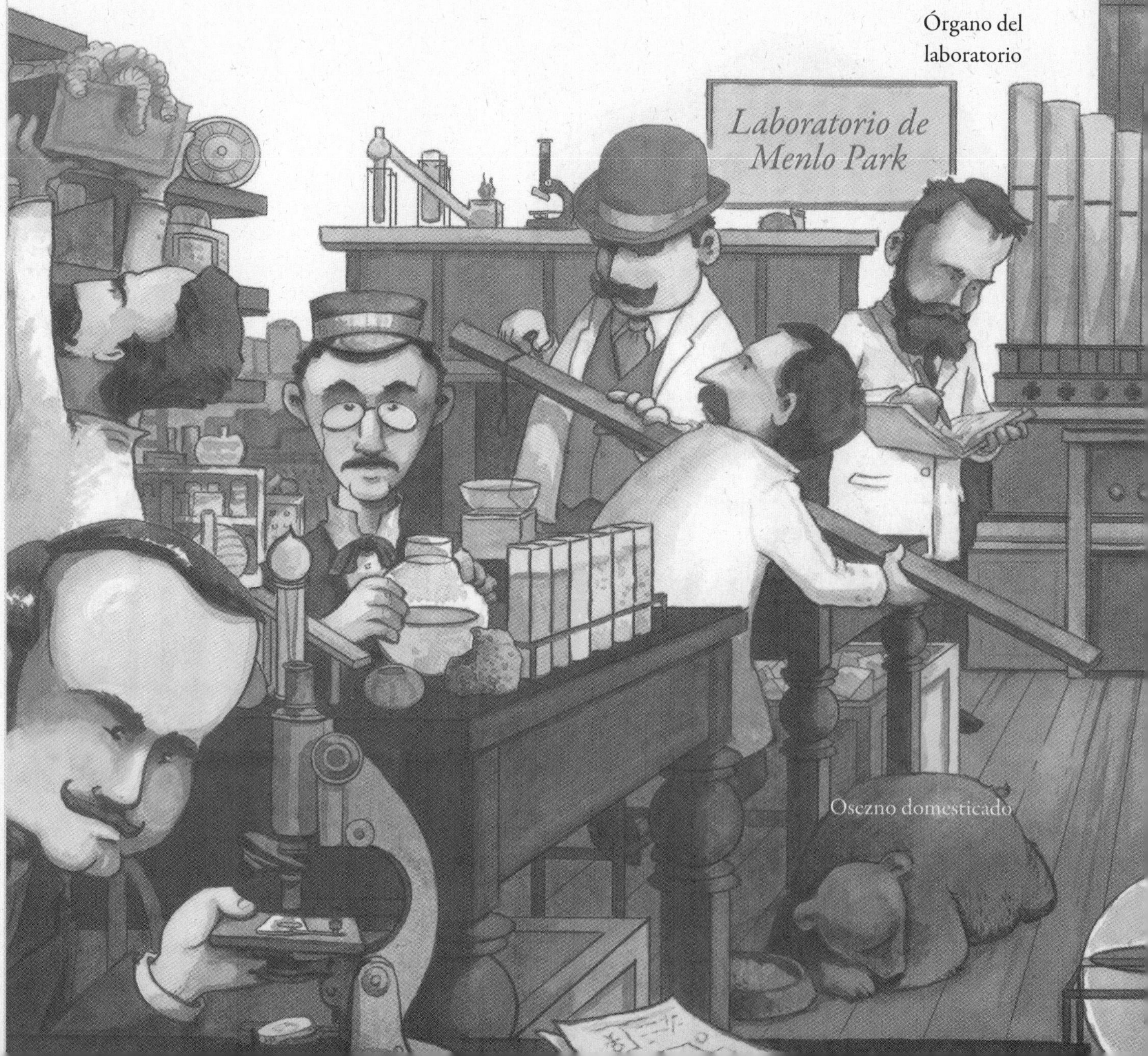

Órgano del laboratorio

Laboratorio de Menlo Park

Osezno domesticado

4   Después de un tiempo, construyeron un segundo laboratorio en West Orange, Nueva Jersey. Era más grande y siempre estaba atareado. En esos dos lugares fue donde Edison tuvo sus triunfos mayores y sus fracasos más valiosos. Edison usó sus fracasos como parte indispensable de sus inventos. Una vez dijo: "Conozco varios miles de cosas que no funcionan". Pero siempre volvía a intentarlo.

valiosos   Algo valioso es útil o importante.

Actualidad

⁵ Ahora podemos grabar cualquier sonido que queramos. Esto no era posible antes de la época de Edison.

Laboratorio de Edison

6 El fonógrafo de estaño fue el primer dispositivo para grabar y reproducir sonidos. Fue un avance científico significativo que le dio a Edison el apodo de "el mago de Menlo Park". ¡Impresionante para un hombre que estaba medio sordo!

Para grabar:
Cubre el cilindro con papel de estaño. Hazlo girar y habla por la bocina.

La voz hace vibrar una aguja al final de la bocina.

La aguja, al vibrar, va trazando pequeños surcos sonoros en el estaño a medida que el cilindro va girando.

Para escuchar:
Coloca la aguja en la posición inicial. Haz girar el cilindro.

La aguja se desplaza sobre los surcos sonoros y reproduce la grabación.

> **dispositivo**   Un dispositivo es una herramienta o máquina que tiene una función determinada.

Actualidad

7 Si Thomas Edison estuviera entre nosotros hoy, estaría fascinado con la cantidad de maneras que existen para escuchar los sonidos grabados. Y todo comenzó con su fonógrafo.

Laboratorio de Edison

8   Edison continuó mejorando su fonógrafo constantemente para que tuviera diversos propósitos. Se diseñaron modelos para uso doméstico y establecimientos públicos.

9   Los fonógrafos también se utilizaron en las oficinas como las primeras máquinas de dictado. Hicieron posible que los empleados pudieran registrar la información oral, grabarla y reproducirla cuando tenían que escribirla.

10   Se construyó un fonógrafo pequeño para la primera muñeca que hablaba.

---

dictado   La palabra dictado describe el acto de escribir palabras que se dicen de forma oral.

Actualidad

11   ¿Necesitas baterías? Elige la que quieras. Hoy las hay de todas formas y tamaños.

Laboratorio de Edison

12   Uno de los éxitos más grandes de Edison fue la batería de almacenamiento de níquel-hierro. Se creó originalmente para suministrar energía a un coche eléctrico. Pero, como el coche eléctrico no triunfó, Edison encontró muchos otros usos importantes para ella.

13   Por ejemplo, la batería de Edison se utilizó para alimentar:

Barcos y submarinos

Boyas

Camiones de reparto local

Vagones de trenes y señales de ferrocarril

Lámparas de mineros

Casas rurales

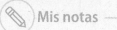

Actualidad

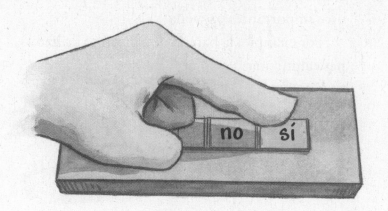

14   Cuando el gobierno celebra elecciones, las máquinas de votación que se utilizan son esenciales.

$\rightarrow$

16   La máquina de rayos X es una forma común de fotografiar el interior de nuestro cuerpo.

$\rightarrow$

Laboratorio de Edison

15   Thomas Edison inventó una registradora de votos para el gobierno. Fue su primera patente. Tener una patente significa que tu invento es legalmente tuyo. Durante su carrera, Edison obtuvo 1,093 patentes por sus ideas.

17   El *fluoroscope* de Edison fue el primer ejemplo de tecnología de rayos X. Producía imágenes brillantes y rápidas. El diseño básico se sigue utilizando hoy en día.

> **tecnología**   La tecnología es el uso de la ciencia para inventar cosas útiles o resolver problemas.

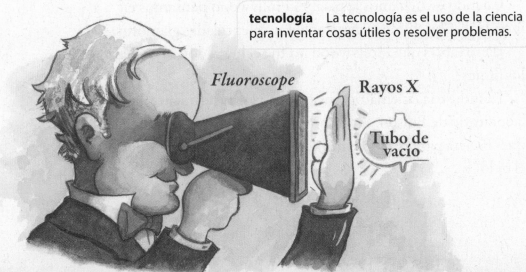

Fluoroscope   Rayos X

Tubo de vacío

Actualidad

18   Cuando escuchamos la palabra Hollywood pensamos en luces brillantes, filmes sensacionales y celebridades glamorosas.

19   ¿Pero sabías que Hollywood no fue el lugar donde nacieron los filmes?

20   La industria cinematográfica comenzó, básicamente, en el laboratorio de Edison. Su objetivo era ofrecer una experiencia que "hiciera para el ojo lo mismo que el fonógrafo hacía para el oído".

Laboratorio de Edison

21   Entonces, Edison creó el *kinetograph*: la primera cámara para grabar imágenes en movimiento. La tecnología era similar a la de nuestras videocámaras modernas. También construyó el primer estudio cinematográfico y lo llamó *Black Maria* porque se parecía a un tipo de carro de policía al que se le daba el mismo nombre.

22   La iluminación para hacer filmes todavía no existía, así que los inventores hicieron abrir el techo y utilizaron la luz solar. A medida que el sol cambiaba de posición, el estudio lo seguía sobre una pista giratoria.

Actualidad

23   Hoy en día podemos ver nuestros filmes favoritos en el cine, en casa o incluso en nuestros teléfonos.

Laboratorio de Edison

24 Los primeros filmes se mostraron en el kinetoscopio de Edison, que no proyectaba las imágenes en una pantalla. Estaba diseñado para ver las imágenes por una mirilla, una persona a la vez.

25 El *kinetophone* de Edison fue el primer proyector que mostró películas con sonido sincronizado. El proyector estaba conectado a un fonógrafo. No era perfecto, pero fue el primero.

26 Cuando las personas veían las películas por primera vez, quedaban impresionadas por los movimientos más sencillos, como...

| una mujer bailando | un hombre estornudando | una barca en el agua | un hombre posando | un gallo caminando |

Actualidad

27 Cuando chateas con tus amigos, envías mensajes electrónicos mediante cables y ondas de radio, igual que lo hacían los viejos telégrafos. Edison trabajó como operador de servicios telegráficos cuando era un adolescente.

CHARLA

Thomas: ¡Vaya, estoy viajando en el tiempo!

Leslie: Ja, ja, ja

Thomas: No estoy bromeando.

29 Hoy en día utilizamos las ondas de radio para transmitir todo tipo de señales, incluidas las del teléfono celular, el radar, la televisión y la radio.

radar   El radar es un sistema que detecta objetos que no se ven, por medio de señales de radio.

Laboratorio de Edison

28   Finalmente mejoró la tecnología del telégrafo con máquinas que no solo podían enviar mensajes más rápido, sino que también eran capaces de enviar varios mensajes diferentes por el mismo cable y en direcciones opuestas.

Telégrafo cuádruple

30   Thomas Edison fue uno de los primeros en descubrir las ondas de radio en el aire, aunque en aquel momento, no pudo explicar detalladamente su descubrimiento.

Actualidad

31   Nuestra calidad de vida ha mejorado considerablemente gracias al trabajo extraordinario de Thomas Edison y sus compañeros del laboratorio. Piensa, por ejemplo que sería muy diferente poder leer un cuento a la hora de dormir, si no fuera por el invento más popular e importante de Edison: la bombilla incandescente.

Laboratorio de Edison

32 Después de miles de experimentos, Thomas Edison creó una bombilla perfecta para las casas y oficinas. Era resistente, segura y luminosa. También funcionaba durante mucho tiempo. Este descubrimiento cambió la forma en que vivimos. Además, era excelente para jugar a hacer sombras con las manos.

> **descubrimiento**   Cuando haces un descubrimiento, haces un hallazgo muy importante.

Actualidad

33 La bombilla de Edison formó parte de un elaborado sistema de luz y energía capaz de alimentar una ciudad entera. En una ocasión le dijo a un periódico que él iba a ser la primera persona en iluminar una parte de la ciudad de Nueva York. Le tomó cuatro años de mucho trabajo, pero cumplió su palabra.

Laboratorio de Edison

34   Edison construyó el primer gran sistema de alimentación y generación de energía eléctrica en la calle Pearl de Manhattan. La característica principal era su capacidad para enviar electricidad a diferentes puntos a la vez. Se convirtió en el modelo del futuro.

35   Cada vez que enciendas la luz, piensa en Thomas Edison y recuerda todo lo que nos dio.

36   Uno de los grandes tributos a su trabajo tuvo lugar el día de sus funerales en 1931. El presidente Herbert Hoover le pidió al país que le rindiera homenaje a Edison apagando las luces durante un minuto.

37   En todas partes del país se honró su carrera de toda una vida, repleta de invenciones e innovaciones importantes: una carrera que comenzó en un pequeño laboratorio en la casa de un niño cargado de ambiciones y sueños.

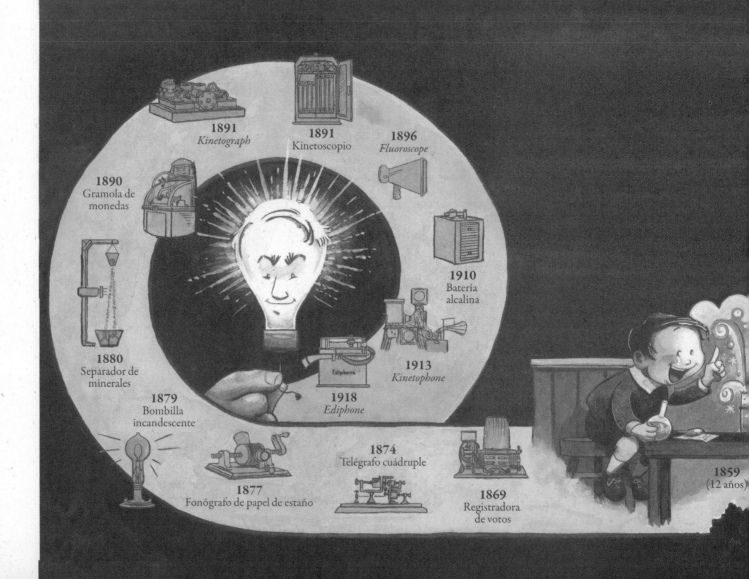

1891
Kinetograph

1891
Kinetoscopio

1896
Fluoroscope

1890
Gramola de
monedas

1910
Batería
alcalina

1880
Separador de
minerales

1913
Kinetophone

1879
Bombilla
incandescente

1918
Ediphone

1877
Fonógrafo de papel de estaño

1874
Telégrafo cuádruple

1869
Registradora
de votos

1859
(12 años)

Conversación colaborativa

Vuelve a leer lo que escribiste en la página 198. Comenta con un compañero tus ideas sobre Thomas Edison y sus inventos. Luego trabaja en grupo y comenta las preguntas de abajo. Busca detalles en *Por siempre Thomas* para apoyar tus ideas. Toma notas para responder las preguntas.

1 Vuelve a leer la página 203. ¿Por qué pensaba Edison que sus fracasos eran importantes?

2 Repasa las páginas 206 y 207. ¿Cuáles son algunas de las razones por las cuales el fonógrafo de Edison fue un invento útil?

3 ¿Qué detalles del texto explican por qué todo el país quería honrar a Edison el día de sus funerales?

Sugerencia para escuchar

Escucha atentamente cuando un miembro del grupo te haga una pregunta. ¿Qué información quiere saber?

Sugerencia para hablar

Cuando un miembro del grupo te haga una pregunta, primero vuelve a plantear su pregunta para asegurarte de que comprendes lo que quiere saber.

Escribir una carta amistosa

TEMA PARA DESARROLLAR

En *Por siempre Thomas*, aprendiste que nuestra calidad de vida ha mejorado de muchas formas gracias a los inventos de Thomas Edison. El texto y las ilustraciones se combinan para compartir información sobre las ideas de Edison.

Analiza las ilustraciones del texto y luego escribe una carta al ilustrador, que también es el autor, para decirle cómo te ayudaron sus ilustraciones a comprender los inventos de Edison. Dile qué ilustraciones fueron más útiles y explica lo que aprendiste de ellas. No olvides usar algunas de las palabras del Vocabulario crítico en tu escritura.

PLANIFICAR

Toma nota de las ilustraciones que te fueron más útiles. Haz una lista de las formas en las que estas ilustraciones te ayudan a comprender mejor los inventos de Edison.

Ahora escribe tu carta al ilustrador para decirle cómo te ayudaron sus dibujos a comprender los inventos de Edison.

Asegúrate de que tu carta

☐ comienza con un saludo y termina con una despedida.

☐ plantea tu opinión sobre las ilustraciones y ofrece razones que apoyan tu opinión.

☐ muestra la información adicional que aprendiste sobre los inventos de Edison.

☐ usa palabras de enlace como *porque*, *puesto que* y *por ejemplo*.

Prepárate para leer

ESTUDIO DEL GÉNERO ▸ Los **textos informativos** ofrecen datos y ejemplos sobre un tema.

- Los autores de los textos informativos pueden presentar sus ideas en orden secuencial o cronológico.

- Para organizar sus ideas, los autores de los textos informativos pueden plantear un problema y explicar la solución. También pueden explicar causas y efectos.

- Los textos informativos incluyen elementos visuales, como ilustraciones y líneas de tiempo.

ESTABLECER UN PROPÓSITO ▸ **Piensa en** el título y el género de este texto y mira las ilustraciones. ¿Qué sabes de las bicicletas? ¿Qué te gustaría aprender sobre el invento de la bicicleta? Escribe tus ideas abajo.

**Desarrollar el contexto:
Carreras de bicicletas**

VOCABULARIO CRÍTICO

artefacto

búsqueda

furor

era

A SALTOS POR EL CAMINO

por **Sharon Katz Cooper** y **Rachel Young**

ilustrado por
Ariane Elsammak

1 Seguramente sabes montar en bicicleta. Te subes y empiezas a pedalear. Pero ¿qué harías si tu bicicleta no tuviera pedales ni frenos?

·1818·

2 ¿De dónde salió la idea de la bicicleta? El guardabosques alemán Karl von Drais quería hallar una manera más rápida de trasladarse por el bosque y se puso manos a la obra. El artefacto que fabricó —al cual le llamó *draisiana* inspirado en su apellido— no tenía pedales. Se parecía más a una patineta alta con asiento. En poco tiempo, se abrieron escuelas donde enseñaban a montar este "caballito", pero solo los ricos podían comprarse uno. Además, no resultaba cómodo transitar por los caminos de tierra, que se prestaban más para montar a caballo.

artefacto   Un artefacto es un aparato o dispositivo mecánico que tiene un fin determinado.

·1821·

3   Al caballito le hacía falta más entusiasmo, pero la gente no creía que fuera posible mantener el equilibrio sobre dos ruedas sin que los pies tocaran el suelo. Una solución fue la de agregarle un manillar que hiciera girar más rápido la rueda delantera. Pero el aparato resultante no convenció a nadie, excepto a los carteros porque les servía para el reparto del correo.

4   Kirkpatrick Macmillan, un herrero escocés, construyó la primera bicicleta de verdad. Tenía pedales que hacían girar la rueda de atrás y alcanzaba una velocidad máxima de 14 millas (23 km) por hora. Pero era difícil maniobrar la bicicleta con pedales y Macmillan fue responsable del primer choque en bicicleta cuando atropelló a un grupo de personas y tumbó al suelo a un niño pequeño.

·1839·

·1861·

⁵ Un francés fabricante de carruajes, llamado Pierre Michaux, creó una bicicleta con los pedales en la rueda delantera. Esta era más fácil de maniobrar, por lo cual más personas comenzaron a usarla. Hasta en los carruseles de las ferias de diversiones se usaban las bicicletas. Pero como tenían ruedas duras de metal, estos aparatos se ganaron el apodo de "sacudehuesos".

·1870·

6   Debido a que los pedales de la bicicleta iban conectados directamente a la rueda delantera, con cada vuelta del pedal, la rueda daba un solo giro. Para lograr mayor velocidad, se necesitaba una rueda más grande, que permitiera aumentar la distancia recorrida con cada pedalada. Así, las ruedas delanteras fueron adquiriendo cada vez mayor tamaño hasta llegar a tener 5 pies (1.5 m) de diámetro. Para reducir el peso, se disminuyó el tamaño de la rueda trasera. Estas bicicletas más rápidas adquirieron tanta popularidad que les llamaban "ordinarias". Aunque montarlas no tenía nada de ordinario. Necesitabas agarrar carrera o que alguien te diera un impulso y luego tener la suerte de que no hubiera baches en el camino. Cualquier desnivel del suelo bastaba para que el ciclista saliera despedido por encima del manillar, a lo que se le llamó "salir volando de cabeza".

·1881·

7 Las bicicletas ordinarias eran las favoritas de los jóvenes aventureros, pero los mayores querían un vehículo más seguro. Por eso preferían los triciclos y los de cuatro ruedas. La reina Victoria de Inglaterra compró dos triciclos. No tenían frenos, pero ¿para qué quieres frenos si no vas a andar más rápido que a pie?

·1885·

8 En la búsqueda de una bicicleta más segura, llegó la Rover, la primera bicicleta de "seguridad". Funcionaba de manera muy similar a la que usamos hoy. Los pedales accionaban una cadena y la cadena hacía girar la rueda de atrás. Como el piñón de la rueda delantera era más grande que el de la rueda de atrás, con cada impulso del pedal, la rueda trasera daba varias vueltas. Por eso no era necesario que la rueda fuera tan grande. Las nuevas bicicletas eran veloces, seguras y costaban menos, pero como tenían llantas de caucho macizo, el andar todavía era bastante incómodo.

búsqueda Cuando haces una búsqueda, haces lo necesario por conseguir algo.

10   Con bicicletas seguras, baratas y cómodas, el ciclismo hizo furor en todo el país. Surgieron clubes en todas partes. Se difundieron las carreras de bicicletas, especialmente las del "siglo", de 100 millas, y los ciclistas exigieron que se pavimentaran más caminos, ya que la tierra, las piedras y el barro dañaban sus bicicletas. Algunos médicos se preocupaban por los posibles efectos de montar en bicicleta muy seguido. Pensaban, por ejemplo, que el esfuerzo para mantener el equilibrio podía causar "cara de bicicleta".

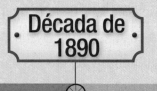

11   Las mujeres, los jóvenes y los trabajadores se beneficiaron mucho de la libertad que la bicicleta les ofrecía. Antes de que este invento se popularizara, solo los ricos que tenían caballos podían salir en excursiones. Ahora, cualquiera podía ir de paseo al campo. Como era difícil montar en bicicleta con faldas largas, muchas mujeres comenzaron a usar unos pantalones bombachos conocidos como *bloomers*. Así empezó una revolución de la moda que puso punto final a la era de los vestidos largos.

9   Para que su hijo pudiera montar su triciclo con mayor comodidad, John Boyd Dunlop colocó una manguera de jardín alrededor de las ruedas. Las mangueras llenas de agua no funcionaron muy bien, pero cuando las llenaron de aire, fue todo un éxito. Y así nació el neumático moderno.

Década de 1890

·1889·

furor   Si hay furor por alguna cosa, significa que está de moda o es muy popular por un período de tiempo.

era   Una era es un período de tiempo en la historia.

·1975·

12   Al principio, muchos ciclistas resultaban heridos al ser lanzados por encima del manillar. Algunos usaban gorras de cuero, aunque estas no lograban amortiguar los golpes. Pero cuando las bicicletas alcanzaron su mayor difusión en la década de 1970, los ciclistas reclamaron cascos que verdaderamente les protegieran la cabeza. ¡Por fin!

¿Y EL FUTURO?

BICICLETA DE SEGURIDAD DE 1896

13 Aunque estos vehículos son cada vez más fuertes y veloces, la forma básica de la bicicleta ha cambiado muy poco en los últimos 100 años. Tiene un diseño sencillo y eficiente, al cual no hay mucho que mejorarle. Hoy en día, en Estados Unidos nos trasladamos mayormente en automóvil, pero a nivel mundial, la bicicleta todavía es el vehículo más popular. ¿Quién sabe? Tal vez un día volverá a dominar las carreteras y los caminos del mundo.

BICICLETA MODERNA

Conversación colaborativa

Vuelve a leer lo que escribiste en la página 226. Comenta con un compañero tus ideas sobre lo que aprendiste. Luego trabaja en grupo y comenta las preguntas de abajo. Busca detalles en *A saltos por el camino* para apoyar tus ideas. Toma notas para responder las preguntas.

1. Vuelve a leer la página 230. ¿Qué dispositivo le añadió Kirkpatrick Macmillan a la primera bicicleta de verdad y qué problemas trajo este?

2. Repasa las páginas 232 y 233. ¿Cuáles son algunas de las razones que hicieron posible el cambio de las bicicletas "ordinarias" de 1870 a la Rover de 1885?

3. ¿Qué detalles del texto explican por qué las bicicletas se hicieron muy populares en la década de 1890?

Sugerencia para escuchar

Mientras escuchas, piensa en las ideas que puedes añadir a la conversación. Planifica lo que quieres decir sobre cada pregunta.

Sugerencia para hablar

Si necesitas más información, haz preguntas a los integrantes del grupo que te ayuden a comprender las ideas.

Escribir un artículo de revista

TEMA PARA DESARROLLAR

¿Sabías antes de leer *A saltos por el camino* que la bicicleta primero se llamó "caballito"? ¿Podrías montar una bicicleta que tuviera una rueda de 5 pies de diámetro?

Imagina que eres escritor de la revista *El ciclismo en la actualidad*. Tu editor te ha pedido que escribas un artículo breve sobre las bicicletas del pasado. Usa los datos y los detalles de *A saltos por el camino* para escribir un artículo que describa los avances principales en la historia de la bicicleta y el problema que cada uno resolvió.

PLANIFICAR

Haz una lista de los avances más importantes en la historia de la bicicleta. Escribe el año del avance y un resumen breve sobre los cambios que tuvo la bicicleta ese año.

Ahora escribe tu artículo de revista sobre las bicicletas del pasado.

✓ Asegúrate de que tu artículo de revista
☐ presenta el tema.
☐ incluye hechos y detalles del texto.
☐ explica los acontecimientos en el orden en que ocurrieron.
☐ describe cómo cada avance resolvió el problema que tenía el diseño anterior.
☐ incluye palabras sobre las bicicletas que se usan en el texto.

Prepárate para leer

ESTUDIO DEL GÉNERO La **poesía narrativa** cuenta una historia en estructura poética.

- La poesía narrativa cuenta una historia a través de la trama, o los acontecimientos principales de la historia.

- La poesía narrativa incluye efectos de sonido para enfatizar el significado del poema.

- La poesía narrativa a menudo utiliza los sonidos de las palabras, como la aliteración y la repetición, para enfatizar determinadas palabras o ideas.

ESTABLECER UN PROPÓSITO **Piensa en** el título y el género de este texto y observa las ilustraciones. ¿Qué historia crees que este poema narrativo contará? Escribe tus ideas abajo.

VOCABULARIO CRÍTICO

rodeada

incontables

fantasma

inesperadas

prodigio

tejió

Conoce a la autora y a la ilustradora:
Bianca Estela Sánchez y Leonor Pérez

MENCIÓN HONORÍFICA
PREMIO
HISPANOAMERICANO
DE POESÍA PARA NIÑOS
2013 DE FLM

Bianca Estela Sánchez

La artesana
de las nubes

Leonor Pérez

1 Sobre una extraña colina
rodeada de pinos blancos,
hay una casa que sube
hacia el cielo como un faro.

2 Los viejos más viejos cuentan
que tiene incontables años.
¿Quién la construyó? No saben.
Ni quién ni cómo ni cuándo.

3 Preguntaron muchas veces
y jamás les contestaron.
Vive allí una viejecita
de nombre Carmela Caldo.

4 Un mal día, muy temprano,
se levantó de la cama.
Bajó al patio, nadie había,
tampoco nadie en la sala.

5 Ni hubo nadie en la cocina
ni en el sótano: las lámparas
que estaban siempre encendidas
se encontraban apagadas.

---

rodeada Una cosa que está rodeada tiene otras cosas a su alrededor.

incontables Las cosas incontables no se pueden contar con números.

6 Para los niños del pueblo
era una maga, un fantasma.
Una sombra que en las tardes
se asomaba a la ventana.

7 Pero todo cambió un día,
cuando menos lo esperaba.
Las mejores cosas siempre
son las más inesperadas...

8 Si preguntan ¿cómo fue?
Todo empezó con un ruido.
Un ruido bajo un ropero
como un susurro, un ruidillo.

9 Fue temprano en la mañana:
Carmela fregaba un piso
y en la estufa se cocía
a fuego muy lento un guiso.

10 Un ruidillo, un ronroneo
tras un ropero amarillo.
Carmela tomó la escoba
y se asomó con sigilo.

11 Lo que vio no lo esperaba,
no era un ratón ni era un grillo:
era una nube esponjosa
mínima como un minino.

12 Una nubecilla blanca,
una almohada con rizos
y una boca desdentada
y enormes ojos felinos.

13 Y dijo Carmela: "Vaya,
esto sí que es un prodigio".
Y la tomó por mascota
como a un cachorro extrañísimo.

fantasma   Un fantasma es algo o alguien que no existe o es falso.
inesperadas   Las cosas inesperadas suceden sin esperarse.
prodigio   Un prodigio es un suceso extraño o cosa especial que sucede.

14 Una tarde descansaba
Carmela en su mecedora.
Bebía té de manzanas,
verdes manzanas redondas.

15 Nubecilla en su regazo
roncaba, ronca que ronca.
Carmela la acariciaba
como haciendo cualquier cosa.

16 De pronto, sin darse cuenta,
la nube cambió de forma:
se le volvió como el cuenco
donde servía la sopa.

17 Carmela abrió bien los ojos
y gritó: "Menuda cosa,
puedo hacer con Nubecilla
una silla o una foca".

18 La tomó con ambas manos,
tejió con ella una bota,
luego la estiró tres metros
hasta volverla una boa.

19 Y en seguida la hizo un puño,
y luego la hizo una roca
y una taza y una rama
y una rana y una hoja.

20 Tejió un sillón de tres patas
y un pez y una mariposa…
Entonces dijo: "¡Que vuele!"
y la ató con una soga.

21 La soltó por la ventana
y volaba, temblorosa.
Iba y venía en la brisa
como en la playa una ola…

tejió Una cosa que se tejió se formó enlazando hilos para formar telas u otras cosas.

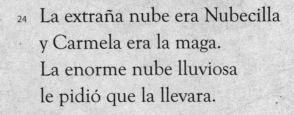

22   Una nube que viajaba
     vio a otra nube muy extraña:
     con cuello y patas enormes
     parecía una jirafa.

23   La extraña nube le dijo
     que abajo había una casa
     y en la casa una mujer
     que tenía manos mágicas.

24   La extraña nube era Nubecilla
     y Carmela era la maga.
     La enorme nube lluviosa
     le pidió que la llevara.

25   Y así hizo Nubecilla,
     muy temprano, una mañana.
     Al verla llegar Carmela
     comprendió lo que buscaba.

26   Y tejió, tejió Carmela,
     hasta volverla una balsa
     con cuatro remos enormes
     y en la proa una campana.

27   A la mañana siguiente
     entraron por la ventana
     de la casa de Carmela
     tres nubes como montañas,

28   y las convirtió en un tren,
     una cometa y un águila.
     La tejedora tejía,
     sus manos jamás paraban.

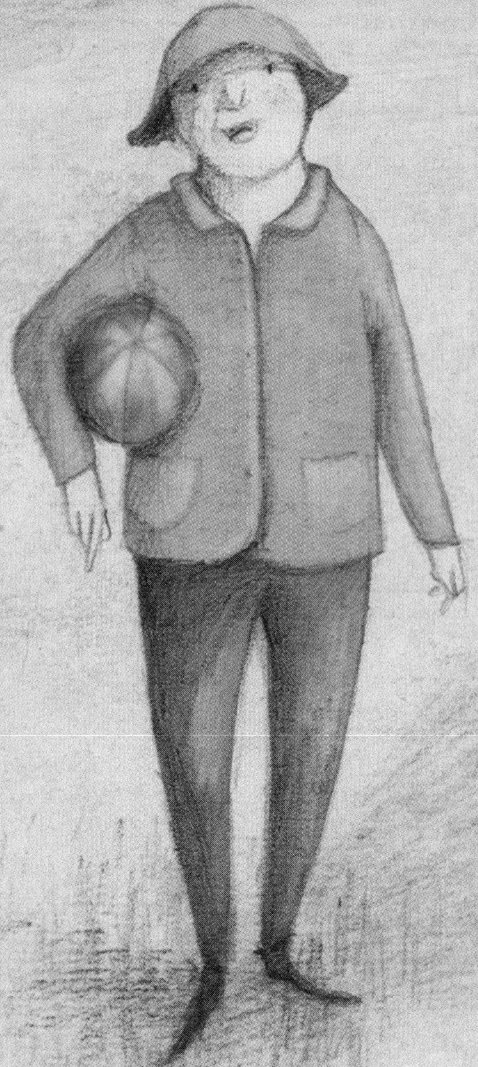

29 Día a día, nube a nube,
Carmela tejió su fama.
Sin saber cómo ni cuándo,
todos lo chicos gritaban:

30 "Tejedora, tejedora,
teje en el cielo una espada,
un caballo, un telescopio,
un faro, un mar, una rana".

31 Tejedora, tejedora,
tejedora le gritaban,
y ella tejía y tejía
y se reía y cantaba

32 y salía hasta el balcón
y todos la saludaban.
Y las señoras del pueblo
volvieron a visitarla.

33 A media tarde traían
pasteles, té, mermelada,
y le narraban historias
y chismes, o le contaban

34 lo feliz que eran los chicos
que día a día esperaban
ver todas las maravillas
que con sus manos creaba.

35 Así fue como Carmela
dejó de ser un fantasma.
Se volvió la viejecita
más querida y admirada.

36   La artesana de las nubes
     de la que tanto se habla
     por cuatro pueblos y un bosque,
     un desierto y dos montañas.

37   Y si cuentas esta historia
     de pie junto a una fogata
     verás que todas sus rimas
     "riman" con abracadabra.

Conversación colaborativa

Vuelve a leer lo que escribiste en la página 240. Explica tus ideas a un compañero. Luego trabaja en grupo y comenta las preguntas de abajo. Busca detalles y ejemplos en *La artesana de las nubes* para apoyar tus ideas. Toma notas para hacer y contestar preguntas.

1 Vuelve a leer la página 242. ¿Qué detalles del texto muestran que Carmela estaba triste y sola?

2 Repasa las páginas 249 y 250. ¿Por qué nos dice la autora que Carmela tiene manos mágicas?

3 ¿En qué se diferencia la reacción de los habitantes del pueblo al principio y al final de la historia?

Sugerencia para escuchar

Escucha la información que comparte el hablante. ¿Qué preguntas puedes hacerle para saber más sobre sus ideas?

Sugerencia para hablar

Sugiere otro ejemplo para responder una pregunta o provee un detalle nuevo para agregar información.

Escribir un resumen

La artesana de las nubes cuenta la historia de Carmela Caldo, una viejecita que vive una vida triste y solitaria hasta un día en que todo cambia cuando una nubecilla aparece en su casa y ella la toma como mascota. Entonces descubre que tiene una habilidad asombrosa: puede transformar las nubes en diferentes formas. Esta historia se cuenta en versos rimados.

Escribe un resumen narrativo de *La artesana de las nubes*. Vuelve a contar los acontecimientos del texto en el orden en que sucedieron. Describe cómo era la vida de Carmela antes y después de que aparece Nubecilla. Incluye algunas de las formas en que Carmela transforma las nubes. Explica también la lección que aprenden los habitantes del pueblo. No te olvides de usar algunas de las palabras del Vocabulario crítico en tu escritura.

PLANIFICAR

Haz una lista de los acontecimientos más importantes en el orden en que sucedieron. Añade notas sobre detalles interesantes que quieras incluir en tu resumen.

ESCRIBIR

Ahora escribe tu resumen de *La artesana de las nubes*.

Asegúrate de que tu resumen

☐	vuelve a contar la historia y está organizado en el orden en que ocurrieron los acontecimientos.
☐	describe al personaje principal.
☐	incluye la lección que aprendieron los habitantes del pueblo.
☐	usa palabras como *primero*, *después* y *luego* para mostrar el orden de los acontecimientos.

Prepárate para leer

ESTUDIO DEL GÉNERO Un **texto de opinión** expresa la opinión del autor sobre un tema y trata de convencer a los lectores para que crean esa opinión.

- Los textos de opinión suelen incluir pronombres de primera persona.
- Los textos de opinión incluyen evidencias, como datos y ejemplos, para apoyar el punto de vista del autor.
- Los autores de los textos de opinión pueden organizar sus ideas mediante una comparación con un argumento o una idea similar.

ESTABLECER UN PROPÓSITO **Piensa en** el título y el género de este texto y mira las fotografías. ¿Qué invento crees que el autor considera que es el mejor invento de Edison? Escribe tus ideas abajo.

VOCABULARIO CRÍTICO

visionario

compacto

sencillos

memorables

sistema

innovadora

Desarrollar el contexto:
"Datos curiosos" de Edison

EL MEJOR INVENTO DE EDISON

Thomas Edison fue el más grande inventor de los Estados Unidos.

1   Edison fue un verdadero visionario. Inventó tantas cosas que podríamos debatir sobre cuál fue su mejor invento. Algunos de los inventos más conocidos de Edison son el *kinetograph*, o cámara para grabar imágenes en movimiento, el fonógrafo y la bombilla incandescente. En mi opinión, este último es su mejor invento.

2   Los inventos se pueden comparar de dos formas. Primero, debemos tener en cuenta que de los inventos buenos surgen ideas para que se desarrollen otros. Podemos decir que un invento es bueno si tenemos en cuenta cuántos otros inventos ha inspirado. Segundo, debemos considerar que los buenos inventos cambian nuestra forma de vida. ¿Cómo sería el mundo sin algunos de ellos? Un invento bueno mejora nuestra manera de vivir.

3   De la bombilla han surgido los inventos más novedosos y nuestra vida, sin lugar a dudas, ha cambiado con ellos. Pero no creas lo que te digo. Vamos a aprender más sobre estos tres inventos y después, podrás decidirlo tú.

visionario   Un visionario es una persona que tiene ideas nuevas o inusuales sobre la vida en el futuro.

El *kinetograph*

4   Según plantea Gene Barretta en *Por siempre Thomas*, el *kinetograph* fue la "primera cámara para grabar imágenes en movimiento". Este invento inspiró muchos más, incluyendo el primer estudio cinematográfico de Edison que se llamó *Black Maria*. Así también les llamaban en aquella época a los carros que utilizaba la policía para transportar prisioneros a las cárceles. El estudio de Edison era pequeño, asfixiante y tenía las paredes negras al igual que los carros policía, de ahí que los trabajadores le pusieran el mismo nombre. También inventó el kinetoscopio y el *kinetophone* para proyectar los primeros filmes. Con el kinetoscopio, se podían ver los filmes. El *kinetophone* era una cámara, o *kinetograph*, unida a un fonógrafo para reproducir el sonido y el filme simultáneamente. El Sr. Barretta dice que la industria cinematográfica "comenzó, básicamente, en el laboratorio de Edison".

5   Del *kinetograph* nacieron nuevas formas de grabar imágenes en movimiento. Desde las cámaras de televisión hasta los teléfonos celulares, cualquier invento que pueda grabar imágenes en movimiento está inspirado en la cámara de Thomas Edison. Los inventores también crearon formas nuevas de ver películas, como la televisión y los sitios de videos en línea.

6   La cámara de Edison cambió nuestra forma de ver el mundo. Hoy en día podemos ver en el cine todo tipo de filmes. Podemos elegir entre cientos de canales de televisión y millones de videos en Internet. ¡Y también podemos hacer nuestras propias grabaciones con un teléfono celular! Podemos ver grabaciones de sucesos pasados como si estuviéramos allí. Y podemos ver eventos en vivo, aun cuando no podamos asistir.

7   Imagina un mundo sin el invento del *kinetograph*. Verías obras de teatro y escucharías cuentos narrados, pero no podrías ver películas ni televisión. No existirían registros visuales de sucesos históricos. Solo podrías leer sobre ellos en los libros. Sería un mundo muy diferente. El *kinetograph* hizo un gran cambio en nuestra vida. Por eso es uno de los mejores inventos de Edison.

El fonógrafo

8   Gene Barretta nos cuenta que el fonógrafo de Edison "fue el primer dispositivo para grabar y reproducir sonidos". También dice que "fue un avance científico significativo". Del fonógrafo se desarrollaron muchos otros inventos. Edison inventó la gramola, la muñeca que habla y la máquina de dictado. Otros inventores, inspirados en el invento del fonógrafo, crearon el disco de vinilo, el disco compacto y la música digital. De la misma manera que la industria cinematográfica comenzó en el laboratorio de Edison, la industria de la música se desarrolló a partir del fonógrafo.

9   El fonógrafo cambió la forma en que escuchamos música. El Sr. Barretta dice que ahora "podemos grabar cualquier sonido que queramos" y que esto "no era posible antes de la época de Edison". Imagina cómo sería el mundo si los sonidos no se pudieran grabar. No habría sencillos, ni álbumes ni videos musicales. La única forma de poder escuchar música sería asistiendo a una actuación en vivo de un cantante o un músico. Como no podríamos grabar a las personas cuando hablan, tampoco existirían los mensajes de voz, ni los audiolibros ni las grabaciones de discursos memorables. Hoy, solo podemos imaginarnos el discurso de Abraham Lincoln en Gettysburg. Pero, gracias al fonógrafo, podemos escuchar, como si fuera en vivo, el discurso "Tengo un sueño" del Dr. Martin Luther King Jr.

compacto   Un objeto compacto ocupa muy poco espacio.

sencillos   Los sencillos musicales son grabaciones de una sola canción.

memorables   Las cosas que son memorables son tan especiales que la gente quiere recordarlas.

La bombilla

10   Gene Barretta dice que la bombilla es "el invento más popular e importante de Edison". La bombilla se utiliza en muchos otros inventos, como la linterna, los faros de los autos y las señales eléctricas. La bombilla inspiró mucho más que formas nuevas de producir luz. El Sr. Barretta también dice que la bombilla "formó parte de un elaborado sistema de luz y energía capaz de alimentar una ciudad entera". Edison construyó el primer ejemplo de este sistema en la calle Pearl de la ciudad de Nueva York. Este sistema era capaz de "enviar electricidad a diferentes puntos a la vez". Fue el origen de las redes de energía que hoy suministran electricidad a los consumidores de todo el país.

11   La red innovadora de Edison llevó la electricidad a los hogares de todos los Estados Unidos. La red se construyó para alimentar las bombillas eléctricas. Sin embargo, cuando las personas tuvieron electricidad en sus casas, también pudieron utilizarla para alimentar otros inventos. Se inventaron todo tipo de aparatos eléctricos: refrigeradores, lavadoras y computadoras. La lista es mucho más amplia. Si no fuera por la bombilla de Edison, hoy no tendríamos redes de energía. Sin estas redes de energía, no tendríamos inventos que funcionaran con energía eléctrica.

---

sistema   Un sistema es un conjunto de cosas o ideas que se unen para cumplir una función.

innovadora   Una idea innovadora es una idea que nunca antes se le había ocurrido a nadie.

12   La bombilla cambió el mundo hasta el punto que es difícil imaginar la vida sin ella. Antes de su existencia, la gente usaba velas, lámparas de aceite o luces de gas para alumbrarse. Era imposible alumbrarse sin quemar combustible. Las velas y las lámparas de aceite causaron muchos incendios mortales. Gene Barretta dice que la bombilla de Edison era "resistente, segura y luminosa". Producía luz sin necesidad de quemar combustible. Ahora, las casas son más seguras gracias a la bombilla. También están más iluminadas. Las lámparas de aceite queman el combustible muy rápido. La gente encendía las lámparas de aceite solo cuando las necesitaba. El Sr. Barretta dice que la bombilla "funcionaba durante mucho tiempo", mucho más tiempo que cualquier lámpara.

13   Antes de la invención de la bombilla, las calles de las grandes ciudades se iluminaban con lámparas de gas. En los pueblos más pequeños se utilizaban faroles de aceite. Algunos lugares no tenían ningún tipo de luz. La gente salía en la noche con faroles. Muchos otros preferían quedarse en sus casas.

14   En mi opinión, Gene Barretta tiene razón cuando dice que la bombilla "cambió la forma en que vivimos". Trajo luz más segura, luminosa y duradera a los hogares, las oficinas y las fábricas. Hoy podemos hacer lo que queremos aunque sea de noche. Podemos practicar deportes o asistir a conciertos porque los estadios están alumbrados con focos enormes. Nuestras carreteras son mucho más seguras gracias a los semáforos, las luces de las calles y los faros de los autos. La bombilla cambió nuestra vida de una manera increíble. Es, indiscutiblemente, el mejor invento de Edison. ¿No te has convencido todavía? Estudiemos otros datos más.

¿SABÍAS?

Edison utilizó palabras con raíces griegas para nombrar sus inventos. Por ejemplo, la palabra kinetoscopio tiene dos raíces griegas: *kinesis*, palabra griega que significa "movimiento", y *scopos*, palabra griega que quiere decir "para ver".

La palabra fonógrafo también tiene dos raíces griegas. ¿Sabes cuáles son?

Observa cómo conocer el significado de las raíces griegas te ayuda a saber lo que hacen los inventos. Puedes utilizar el mismo método para muchas palabras relacionadas con la ciencia. Si sabes cuáles son las raíces, puedes dividir la palabra y buscar su significado.

Iluminando el camino

15   Vamos a comparar la bombilla con el *kinetograph* y el fonógrafo. Primero, ¿cuántos inventos nuevos surgieron de cada uno de ellos? Del *kinetograph* nacieron inventos como la videocámara, el filme, la televisión y el video en línea. El fonógrafo inspiró otros inventos como la gramola, el disco de vinilo, el disco compacto y el reproductor de MP3. De la bombilla surgieron innumerables inventos, entre ellos varios tipos de luces eléctricas, las redes de energía y prácticamente cualquier aparato que utilice electricidad. El *kinetograph* y el fonógrafo dieron lugar a muchos inventos, pero no a tantos como la bombilla. Ese es uno de los motivos por el que la bombilla es el mejor invento.

16   Los grandes inventos también cambian nuestras vidas. El *kinetograph* inspiró inventos que nos permiten ver cosas que sucedieron hace mucho tiempo o en lugares lejanos. El fonógrafo dio paso a la creación de aparatos que nos permiten escuchar música de todas partes del mundo. La bombilla cambió nuestra forma de vivir, trabajar y divertirnos. Gracias a la bombilla, ahora podemos hacer cosas que en el pasado eran imposibles. Nuestra vida es más sencilla. Nuestras casas están más iluminadas. Nuestras calles son más seguras. ¡Todo gracias a la bombilla! El *kinetograph* cambió la manera de ver el mundo. El fonógrafo cambió la manera de escuchar el mundo. Pero la bombilla cambió el mundo. Si no estás de acuerdo, piensa en lo que ocurre cuando no hay luz. Cuando se interrumpe el suministro de energía eléctrica, nos damos cuenta de cómo era la vida antes de la bombilla. Parece divertido al principio, pero nadie se queja cuando las luces se encienden de nuevo. Ese es otro motivo por el que creo que la bombilla es el mejor invento de Thomas Edison.

17   Gene Barretta dice que uno de "los grandes tributos" ofrecidos al talento de Edison como inventor fue cuando el presidente Hoover "le pidió al país que le rindiera homenaje a Edison apagando las luces durante un minuto". Ese minuto de oscuridad les recordó a todos cuánto había cambiado al mundo el mejor invento de Edison.

INVENTOS DE EDISON

Inventos	¿Qué inventos inspiraron?	¿Cómo cambiaron el mundo?
 **kinetograph**	cámara de cine, estudio cinematográfico, cine, kinetoscopio, *kinetograph*, televisión, video en línea	+ Permitió grabar eventos. + Creó la industria cinematográfica. + Dio lugar a la televisión y al video en línea.
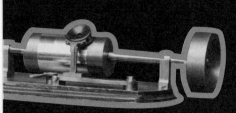 **fonógrafo**	gramola, muñeca que habla, máquina de dictado, micrófono, disco de vinilo, disco compacto, música digital, mensaje de voz, audiolibro, contestador automático	+ Permitió grabar los sonidos. + Creó la industria de la música. + Dio lugar a listas de éxitos musicales y estrellas del pop.
bombilla	linterna, faros de los vehículos, focos de los estadios, semáforo, señales eléctricas, redes de energía, muchos inventos eléctricos	+ Proporcionó una luz menos costosa, segura y duradera en hogares, oficinas, fábricas y en las calles de las ciudades. + Permitió que las personas viajaran, trabajaran y se divirtieran en la noche. + Impulsó la expansión de las redes de energía que llevaron la electricidad a todos los hogares. + Dio lugar a muchos inventos que necesitan electricidad.

Conversación colaborativa

Vuelve a leer lo que escribiste en la página 256. Comenta con un compañero tus ideas sobre cuál invento considera el autor que es el mejor. Luego trabaja en grupo y comenta las preguntas de abajo. Busca detalles en *El mejor invento de Edison* para apoyar tus ideas. Toma notas para responder las preguntas. Piensa en formas de compartir y descubrir más sobre las ideas clave.

1. Vuelve a leer la página 259. ¿De qué dos formas compara los inventos el autor? ¿Qué detalles demuestran por qué eligió esas formas para comparar los inventos?

2. Repasa la página 260. ¿Qué inventos nuevos tuvieron lugar gracias al *kinetograph* de Edison?

3. ¿En qué se parecían el *kinetograph* y el fonógrafo? ¿En qué se diferenciaban?

Sugerencia para escuchar

Escucha atentamente la idea principal de cada hablante. ¿Cómo volverías a plantear esa idea con tus propias palabras?

Sugerencia para hablar

Ayuda a los oyentes a identificar tu idea principal. Usa una oración completa para plantear tu idea.

Escribir un pie de foto

En *El mejor invento de Edison*, el autor resume tres inventos de Thomas Edison. Luego usa datos y detalles para explicar su elección del mejor invento.

Imagina que vas a crear una exposición en línea o en un tablero de anuncios sobre los inventos. La exposición mostrará una fotografía o un dibujo de los inventos de Edison, además de pies de foto con datos y detalles sobre ellos. Los pies de foto también explicarán cómo los inventos cambiaron el mundo y qué otros inventos inspiraron. Con base en la tabla del texto, escribe un pie de foto para el *kinetograph*, el fonógrafo o la bombilla. No olvides usar algunas de las palabras del Vocabulario crítico en tu escritura.

PLANIFICAR

Toma notas sobre uno de los inventos que se muestran en la tabla. Haz una lista con los detalles más importantes del texto, incluidos los inventos que se inspiraron en el invento que elegiste.

ESCRIBIR

Ahora escribe tu pie de foto para una exposición en línea o en un tablero de anuncios sobre los inventos.

Asegúrate de que tu pie de foto

☐ incluye datos y detalles de la tabla del texto.
☐ explica por qué este invento inspiró otros inventos.
☐ dice cómo el invento cambió el mundo.
☐ usa palabras de enlace como *también, otro, y* o *más* para conectar las ideas.

Pregunta esencial

¿Qué se necesita para crear un invento exitoso?

Escribir un ensayo de opinión

TEMA PARA DESARROLLAR Piensa en los inventores y los inventos sobre los que leíste en este módulo.

Imagina que un programa de televisión llamado "El gran inventor del futuro" pide ideas a los estudiantes. Quieren saber qué es lo que <u>más</u> necesita un inventor para realizar un gran descubrimiento o crear un aparato extraordinario. Escribe un ensayo para compartir tu opinión. Usa ejemplos y evidencias de los textos para apoyar tu opinión.

Voy a escribir sobre _____.

Asegúrate de que tu ensayo de opinión
☐ plantea tu opinión.
☐ presenta tus razones de forma clara.
☐ usa palabras como *por ejemplo* para conectar las ideas.
☐ usa evidencias y ejemplos de los textos como apoyo.
☐ termina recordando tu opinión a los lectores.

¿Qué es lo que más necesita un gran inventor? Vuelve a leer tus notas y repasa los textos para buscar detalles que apoyen tu opinión.

Completa la siguiente tabla para planificar tu ensayo. Escribe una oración que plantee tu opinión. Luego escribe las razones y los detalles que apoyan cada una. Usa las palabras del Vocabulario crítico siempre que sea posible.

Mi tema: _____

Mi opinión

Razón 1	Razón 2	Razón 3

HACER UN BORRADOR .... Escribe tu ensayo de opinión.

Usa la información que escribiste en el organizador gráfico de la página 273 para hacer un borrador de tu ensayo de opinión.

Escribe una **introducción** que plantee tu opinión. Un principio ingenioso hará que los lectores quieran saber más.

Escribe un **párrafo central** que indique tus razones y los detalles que apoyan cada una. Usa palabras de enlace para conectar las ideas.

En la **conclusión**, recuerda a los lectores qué es lo que más necesitan los grandes inventores.

Los pasos de revisión y edición te dan la oportunidad de observar detenidamente tu escritura y hacer cambios. Trabaja con un compañero y determina si has explicado tus ideas con claridad a los lectores. Usa estas preguntas como ayuda para evaluar y mejorar tu ensayo.

PROPÓSITO/ ENFOQUE	ORGANIZACIÓN	EVIDENCIA	LENGUAJE/ VOCABULARIO	CONVENCIONES
☐ ¿Planteo mi opinión de forma clara? ☐ ¿Doy buenas razones para apoyar mi opinión?	☐ ¿Explico la conexión entre las razones y mi opinión? ☐ ¿Vuelvo a plantear mi opinión al final?	☐ ¿Incluí evidencias de los textos?	☐ ¿Usé palabras de enlace para conectar mi opinión y mis razones? ☐ ¿Usé palabras exactas para explicar mis razones?	☐ ¿Comienzan todas las oraciones con mayúscula y tienen la puntuación correcta? ☐ ¿Usé los pronombres y los adjetivos posesivos correctamente?

PRESENTAR ·················· **Comparte tu trabajo.**

Crear la versión final Elabora la versión final de tu ensayo de opinión. Puedes incluir una fotografía o un dibujo relacionado con tu opinión. Considera estas opciones para compartir tu ensayo.

1 Incluye tu ensayo en una exposición sobre grandes inventores en el salón de clases.

2 Presenta tu ensayo a la clase. Léelo en voz alta y responde a las preguntas de la audiencia.

3 Comparte tu ensayo en la página web o en las redes sociales de la escuela. Pide la opinión de los lectores.

Del campo a la mesa

"Mi abuelo solía decir que una vez en la vida ibas a necesitar un médico, un abogado, un policía... pero que todos los días, tres veces al día, necesitarías un agricultor".

— Brenda Schoepp

¿Cómo llegan los alimentos a la mesa?

Video de

Mentes curiosas

Palabras acerca de cómo llegan los alimentos del campo a la mesa

Las palabras de la tabla de abajo te ayudarán a hablar y escribir sobre las selecciones de este módulo. ¿Cuáles de las palabras acerca de la agricultura y los alimentos ya has visto antes? ¿Cuáles son nuevas para ti?

Completa la Red de vocabulario de la página 279. Escribe sinónimos, antónimos y palabras y frases relacionadas para cada palabra.

Después de leer cada selección del módulo, vuelve a la Red de vocabulario y añade más palabras. Si es necesario, dibuja más recuadros.

PALABRA	SIGNIFICADO	ORACIÓN DE CONTEXTO
agricultura (sustantivo)	La agricultura es la práctica del cultivo y producción de cosechas.	En la agricultura, se usan tractores y máquinas para arar la tierra y sembrar las cosechas.
recoger (verbo)	Cuando recoges una cosecha, cortas y reúnes lo que necesitas de ella.	El agricultor recogerá el maíz cuando esté listo para cosechar.
nutrición (sustantivo)	La nutrición es el proceso de alimentarse con los alimentos necesarios para estar saludables.	Quiero aprender acerca de una buena nutrición para saber qué alimentos son saludables.
labrar (verbo)	Cuando labras la tierra, la preparas para sembrar y cultivar.	El agricultor labra la tierra removiéndola y preparándola para plantar las semillas.

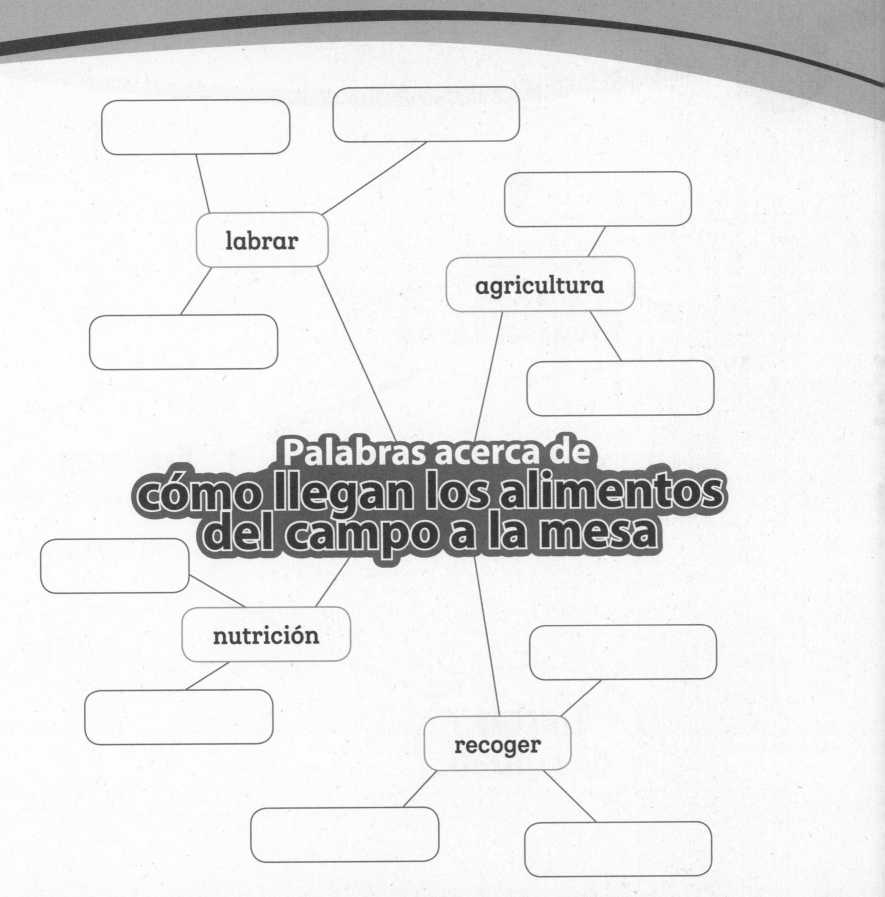

labrar

agricultura

Palabras acerca de
cómo llegan los alimentos
del campo a la mesa

nutrición

recoger

Invernaderos

**Fuentes
de
alimentos**

**Tierras
de cultivo**

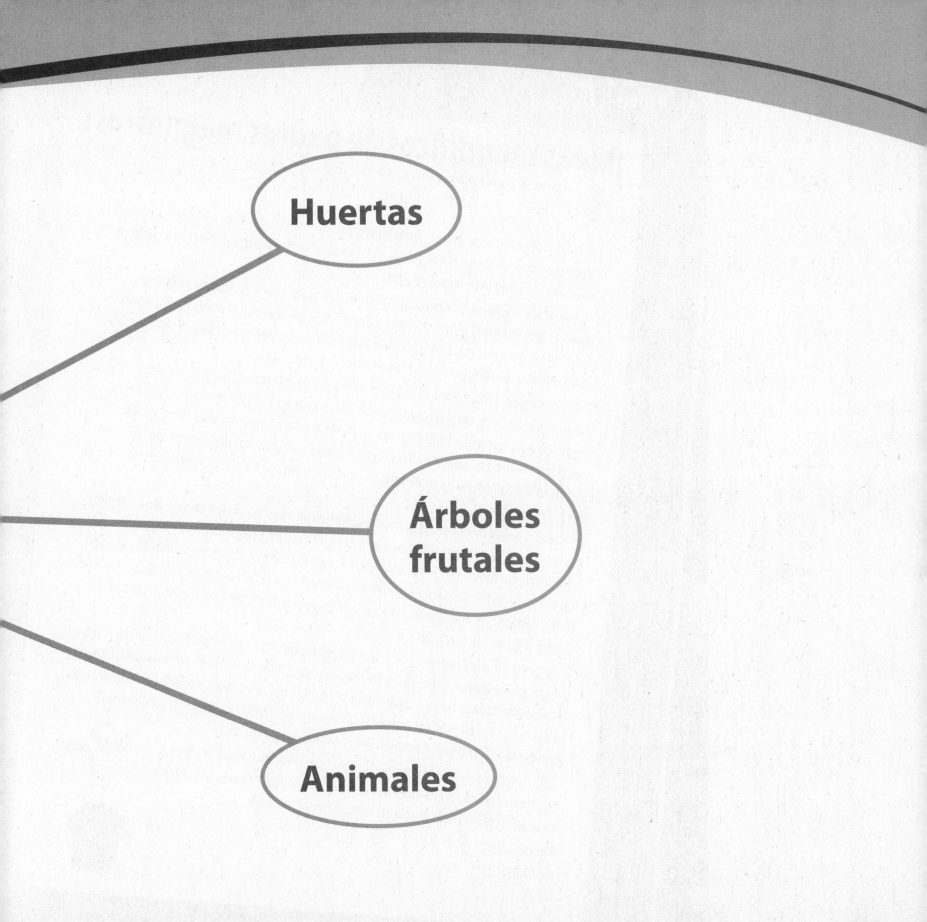

Huertas

Árboles frutales

Animales

¡Ideas magníficas de padres magníficos!

La Escuela Primaria Washington necesita un invernadero.

1 Es muy fácil pensar en formas de gastar el presupuesto de la escuela. Materiales nuevos, equipos deportivos nuevos, un gimnasio más grande; todas serían opciones excelentes. Pero hay un proyecto que debería tener prioridad: un invernadero.

2 Imagino que muchos de ustedes estarán diciendo: "¿Un invernadero en lugar de un gimnasio nuevo? ¿Lo dice en serio?". Como agricultora, admito que tengo una opinión propia y única sobre este asunto. Pienso que tener más plantas siempre es bueno. Pero también soy madre y he visto de primera mano cómo el cultivo de plantas ayuda en el desarrollo de los niños.

3 En primer lugar, la agricultura es una forma magnífica de aprender sobre ciencias. Cuando los niños trabajan en una huerta, aprenden que la luz solar, los nutrientes y el agua ayudan a las plantas a crecer. Aprenden que las semillas almacenan energía y que las plantas combaten las plagas. Un invernadero es como un experimento de ciencias gigante y práctico. Nuestros hijos pueden aprender participando y observando. Los profesores de ciencias pueden vincular este aprendizaje práctico con el currículo de la clase.

4 Hay un segundo motivo por el que se debe construir un invernadero en la escuela: ¡los alimentos! Los maestros y los niños pueden cultivar verduras deliciosas. ¡Qué mejor manera de mejorar la nutrición de nuestros hijos! Les garantizo que los niños estarán más dispuestos a comer las verduras que ellos mismos recogen, después de labrar cuidadosamente la tierra, plantar las semillas y regar los brotes. Hasta mi hijo aceptó probar la berenjena después de ayudarme a cultivarla el verano pasado. (¿Que si le gustó? No, pero aprendió mucho).

5 Sé que la escuela cuenta con una huerta pequeña, pero debido a nuestro clima, las verduras solo se pueden cultivar durante pocos meses del año. Dado que el invernadero tiene un clima controlado, ¡los niños podrían cultivar verduras durante todo el año! Además, sembrar en la huerta y en el invernadero les ofrece una oportunidad muy valiosa para comparar y contrastar las diferentes condiciones de crecimiento de las plantas. ¡Se convertirán en pequeños agricultores!

6 Nuestros hijos pueden recoger muchas recompensas de un invernadero. Espero haber logrado sembrar esta idea en sus mentes. Si es así, voten por un invernadero nuevo en la próxima reunión sobre el presupuesto de la escuela.

Atentamente,

Margareta Flores

Madre

Un invernadero como el que se muestra aquí sería una incorporación magnífica para la Escuela Primaria Washington.

La escuela Ambrose Hill de la localidad vecina ya tiene un invernadero. ¡A los estudiantes les encanta!

Prepárate para leer

ESTUDIO DEL GÉNERO Los **textos informativos** ofrecen datos y ejemplos sobre un tema.

- Los autores de los textos informativos pueden organizar sus ideas con encabezados y subtítulos.

- Los autores de los textos informativos pueden organizar sus ideas según las ideas principales. Cada idea principal se apoya en detalles clave.

- Los textos informativos incluyen elementos visuales, como tablas, diagramas, gráficos, líneas de tiempo y mapas.

- Los textos sobre estudios sociales incluyen palabras específicas del tema.

ESTABLECER UN PROPÓSITO **Piensa en** el título y el género de este texto. ¿Qué crees que vas a aprender en este texto? Escribe tus ideas abajo.

Conoce a la autora y a la ilustradora:
Chris Butterworth y Lucia Gaggiotti

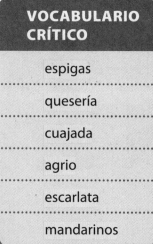

VOCABULARIO CRÍTICO

espigas

quesería

cuajada

agrio

escarlata

mandarinos

Y ESO, ¿CÓMO LLEGÓ A TU LONCHERA?

LA HISTORIA DE LOS ALIMENTOS

por **Chris Butterworth**

Ilustraciones de **Lucia Gaggiotti**

1 **UNO** de los mejores momentos del día es cuando abres tu lonchera para ver qué hay dentro. Tu mamá o tu papá la llenaron con comida deliciosa. Quizá la compraron en una tienda, pero… ¡la comida no crece en las tiendas!

2 **¿Dónde estaba *antes* de llegar hasta allí?**

3 **¿Cómo LLEGÓ toda esa comida a tu lonchera?**

¿CÓMO LLEGÓ EL PAN DE TU SÁNDWICH A TU LONCHERA?

4 Un granjero plantó las semillas de trigo en primavera. Para el verano, ya eran largas espigas con granos maduros que se movían con el viento.

5 El granjero cortó el trigo con una enorme cosechadora y después lo mandó a un molino.

espigas   Las espigas son las flores o los granos de algunas plantas de cereales, como el trigo.

GRANOS

6 El molino trituró los granos hasta convertirlos en harina, que los camiones llevaron a la panadería.

LEVADURA

AZÚCAR

7 Ahí, el panadero mezcló la harina con agua, azúcar y levadura para preparar una masa suave y esponjosa. Luego la horneó para cocerla.

HARINA

AGUA

8 Cuando estuvieron listas las hogazas de pan fresco, las rebanaron y enviaron a las tiendas.

9 Dale una mordida al pan de tu sándwich. **¡MMM,** qué rico y esponjoso!

¿CÓMO LLEGÓ EL QUESO DE TU SÁNDWICH A LA LONCHERA?

10 Tu queso alguna vez fue leche que salió de una vaca. Un granjero ordeñó las vacas, un tanque recogió la leche y la llevó a la **quesería**.

> **quesería**   Una quesería es un lugar donde se fabrican quesos.

2. ... y le añadieron bacterias para volverla agria y espesa.

11 1. En la quesería los queseros calentaron la leche...

5. Los queseros drenaron el suero, cortaron la cuajada en pedacitos, los comprimieron en bloques y les añadieron sal.

3. Luego agregaron algo llamado cuajo. Entonces, la leche...

4. ... se convirtió en trozos grumosos llamados **cuajada**, que flotaban en el suero.

6. Guardaron los bloques durante meses hasta que el queso maduró.

12 Muerde tu queso. Es cremoso, suave y un poco AGRIO, pero muy sabroso.

cuajada La cuajada es el producto que se forma en la leche cuando se corta y se separa del suero.

agrio Si algo te sabe agrio, te sabe ácido como el vinagre.

¿CÓMO LLEGARON LOS TOMATES A TU LONCHERA?

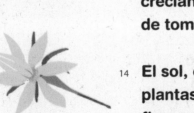

13 **El verano pasado, los tomates de tu sándwich crecían en un gran vivero lleno de plantas de tomate.**

14 **El sol, el calor y el agua hicieron que las plantas crecieran altas y que les brotaran flores amarillas. Cuando una flor moría, un pequeño tomate verde comenzaba a crecer en su centro.**

15 **Día tras día, los tomates verdes crecieron tornándose anaranjados y, después, rojos.**

16 **Cuando los frutos maduros color escarlata colgaban de los tallos, el granjero los recogió, los separó, los empacó y los envió a las tiendas.**

17 **¡MUERDE un tomate y saborea su jugo agridulce!**

escarlata Si algo es de color escarlata, es de un color rojo muy intenso.

¿CÓMO LLEGÓ EL JUGO DE MANZANA A TU LONCHERA?

18 La primavera pasada, los manzanos del huerto estaban llenos de flores. Durante el verano, en cada rama, germinaron diminutos brotes de manzanas que siguieron creciendo. Para el otoño, los árboles ya estaban cargados de fruta dulce y madura.

19 Grupos de recolectores se subieron a los árboles y llenaron sus canastas con la fruta.

20 **Un camión llevó las canastas a la fábrica de jugos, donde unas personas seleccionaron y desecharon las manzanas malas o podridas.**

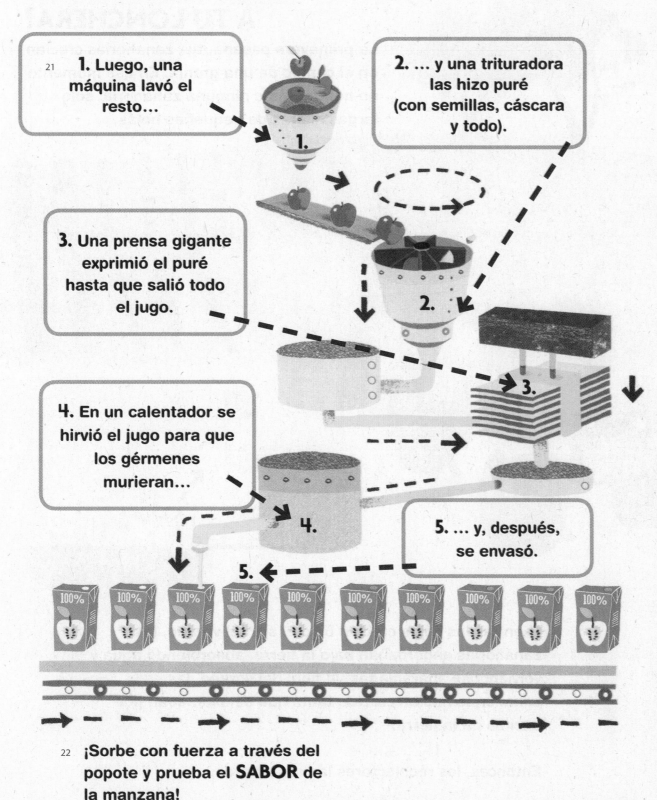

21 **1. Luego, una máquina lavó el resto…**

2. … y una trituradora las hizo puré (con semillas, cáscara y todo).

3. Una prensa gigante exprimió el puré hasta que salió todo el jugo.

4. En un calentador se hirvió el jugo para que los gérmenes murieran…

5. … y, después, se envasó.

22 **¡Sorbe con fuerza a través del popote y prueba el SABOR de la manzana!**

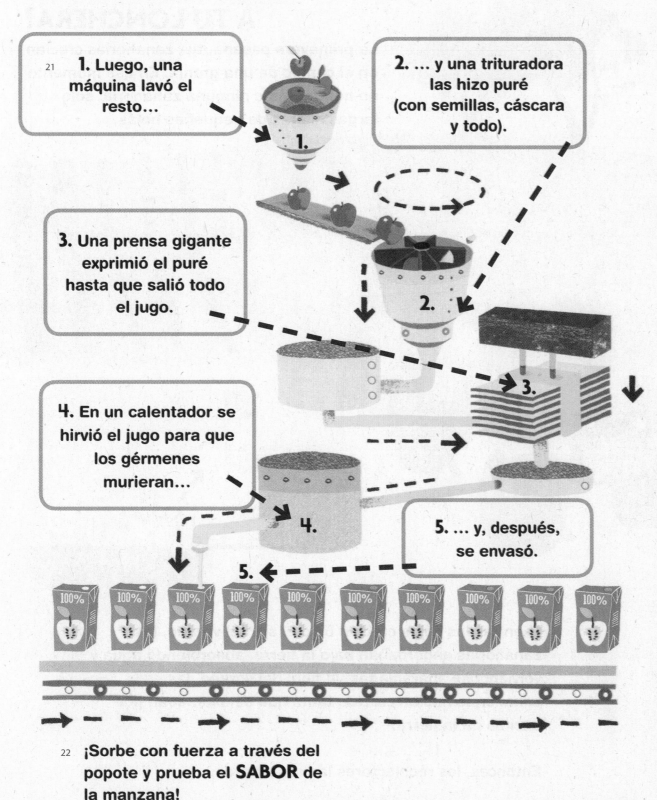

¿CÓMO LLEGARON LAS ZANAHORIAS A TU LONCHERA?

23 La primavera pasada, tus zanahorias crecían en el campo de una granja. En ese momento no habrías visto ninguna zanahoria; solo largas hileras de pequeñas hojas.

24 Mientras las hojas crecían bajo el sol del verano, las zanahorias engordaban bajo la tierra, absorbiendo agua y volviéndose anaranjadas. Al final del verano, las zanahorias habían crecido tanto que se asomaban por encima de la tierra.

25 Entonces, los recolectores las cosecharon.

26 **Después las lavaron…**

… las empacaron en cajas y las transportaron en camiones.

C.a.Co.

27 **¡Dale una mordida a tu zanahoria y descubre cuán CRUJIENTE y DULCE es!**

¿CÓMO LLEGÓ LA MANDARINA A TU LONCHERA?

28 A principios del verano, los mandarinos estaban llenos de flores blancas y cerosas con aromas dulces.

29 Las flores murieron poco a poco, pero una pequeña baya de mandarina comenzó a brotar en cada una.

30 Las mandarinas crecieron bajo el calor del sol y cambiaron de verdes a amarillas. Cuando llegó el frío del invierno, las mandarinas ya eran anaranjadas, y estaban tan pesadas y llenas de jugo que las ramas del árbol se doblaban.

> **mandarinos** Los mandarinos son los árboles donde crecen las mandarinas.

31 **Los recolectores se subieron en escaleras para alcanzarlas y usaron guantes para no lastimar la suave pulpa de la fruta.**

32 **Las lavaron y empacaron en cajas que el agricultor envió en camiones al mercado.**

33 **¡Qué fácil es pelar una mandarina! Y cuando terminas, sólo tienes que meter sus JUGOSOS gajos en tu boca.**

34 ¡Ya te comiste tu almuerzo! ¡Desde el primer mordisco de tu sándwich hasta el último gajo de mandarina! Todo vino de campos, granjas, huertos y queserías. Mucha gente ayudó a que la comida llegara a ti: granjeros, panaderos, queseros, recolectores, empacadores y conductores. Ahora todo está en tu estómago, empezando a hacer lo que la comida hace: ayudarte a crecer fuerte y saludable, y a darte la energía que necesitas.

Conversación colaborativa

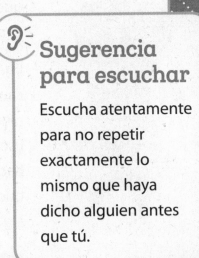

Vuelve a leer lo que escribiste en la página 284. Comenta con un compañero lo que aprendiste del texto. Luego trabaja en grupo y comenta las preguntas de abajo. Busca detalles en *Y eso, ¿cómo llegó a tu lonchera?* para apoyar tus respuestas. Toma notas para responder las preguntas. Úsalas para relacionar las ideas que compartas con los comentarios que hagan los demás miembros de tu grupo.

1 Vuelve a leer las páginas 288 y 289. ¿Qué trabajadores ayudan a convertir el trigo en pan?

2 Repasa las páginas 296 y 297. ¿Cómo saben los granjeros cuándo es hora de cosechar las zanahorias?

3 ¿Cuáles son algunas de las diferentes labores que hacen las personas para producir los alimentos que todos comemos?

Sugerencia para escuchar

Escucha atentamente para no repetir exactamente lo mismo que haya dicho alguien antes que tú.

Sugerencia para hablar

Trata de desarrollar las ideas de los demás miembros del grupo agregando detalles y ejemplos nuevos. Vuelve a leer el texto si es necesario.

Escribir una crítica

TEMA PARA DESARROLLAR

Y eso, ¿cómo llegó a tu lonchera? utiliza palabras e ilustraciones para contar el camino que recorren los diferentes alimentos desde las granjas, campos y queserías hasta los mercados o tiendas. Estos alimentos son partes de las comidas que comemos.

Imagina que la editorial te dio una copia de este libro antes de publicarlo a cambio de tu crítica o tus comentarios. Lo que más le interesa saber es lo que piensas del uso de las ilustraciones en el texto para compartir información. Escribe un párrafo con tu opinión sobre la ilustración que muestra los pasos para hacer el queso. ¿Qué aprendiste sobre la forma de hacer el queso? ¿Es esta una buena forma de compartir información importante? ¿Por qué? No olvides usar algunas de las palabras del Vocabulario crítico en tu escritura.

PLANIFICAR

Haz una lista de las cosas que te gustan de la ilustración del queso y otra lista de las cosas que no te gustan. Compara las listas para que puedas decidir lo que debes decirle a la editorial.

....

Ahora escribe tu crítica de la ilustración del queso para la editorial.

Asegúrate de que tu crítica

☐ presenta el tema y plantea tu opinión.

☐ da razones para apoyar tu opinión.

☐ muestra lo que has aprendido sobre el proceso de hacer el queso.

☐ tiene una conclusión.

Prepárate para ver un video

ESTUDIO DEL GÉNERO Los **videos educacionales** presentan datos e información sobre un tema con elementos visuales y audio.

- Un narrador explica el tema mientras las imágenes en pantalla van cambiando para apoyar la narración.

- En el video se utilizan personas, lugares y animales reales para ayudar a los espectadores a comprender el tema.

- Al igual que los videos informativos, los videos educacionales pueden incluir palabras específicas de un tema científico o de estudios sociales.

- Los productores de videos pueden incluir efectos de sonido o música de fondo.

ESTABLECER UN PROPÓSITO **Piensa en** el género y el título de este video. ¿Qué crees que vas a aprender en este video? Escribe tus ideas abajo.

VOCABULARIO CRÍTICO

rotación

preparo

almacenadas

Desarrollar el contexto:
Agricultura orgánica

Las zanahorias,
de la **granja al tenedor:**
conoce al agricultor californiano Matthew Martin

Mientras miras *Las zanahorias, de la granja al tenedor*, presta atención a las personas y los lugares reales del video. ¿Por qué crees que el video incluye una entrevista con un agricultor de verdad? Presta especial atención a lo que él dice y hace para que puedas comprender cómo las zanahorias se cultivan y se venden. ¿Lo entenderías tan claramente si lo leyeras en un artículo del mismo tema? ¿Por qué?

Mientras miras el video, presta atención a las palabras del Vocabulario crítico *rotación, preparo* y *almacenadas*. Busca pistas para descubrir el significado de cada palabra.

rotación Las cosas que están en rotación se turnan para hacer un trabajo o cumplir un propósito.

preparo Cuando preparo una cosa, me aseguro de que esté lista para el próximo paso.

almacenadas Las cosas que están almacenadas están guardadas para usarlas en otro momento.

Conversación colaborativa

Vuelve a leer lo que escribiste en la página 304. Comenta con un compañero lo que aprendiste en el video. Luego trabaja en grupo y comenta las preguntas de abajo. Busca detalles en *Las zanahorias, de la granja al tenedor* para apoyar tus ideas. Toma notas para responder las preguntas.

1 ¿Qué necesitan las zanahorias para crecer?

2 ¿Cómo llegan las zanahorias de la granja a la mesa familiar?

3 ¿Por qué a las personas les gusta comprar verduras que se cultivan locales?

Sugerencia para escuchar

¿Quieres saber sobre algo que dijo un compañero? Resume lo que crees que quiso decir y pregunta si es correcto.

Sugerencia para hablar

Asegúrate de decir cada palabra con claridad. Usa palabras del vocabulario que se explicaron en el video para ayudar a los oyentes.

Escribir un resumen de preguntas y respuestas

TEMA PARA DESARROLLAR

En el video *Las zanahorias, de la granja al tenedor*, el agricultor Matthew Martin describe cómo comenzó a cultivar, los diferentes tipos de trabajos que hace y lo que más le gusta de su trabajo.

Te han pedido que escribas sobre el video para el blog de tu clase. Resume el video con una lista de preguntas que se puedan responder en el video, como ¿qué tipo de suelo necesitan las zanahorias para crecer? o ¿qué es lo que más le gusta a Matthew Martin de ser agricultor? Luego proporciona una respuesta para cada pregunta basada en los datos y detalles del video.

PLANIFICAR

Haz una lista de los datos y detalles más importantes que viste en el video. Haz una lista de algunos de los datos y detalles sobre Matthew Martin y sobre las zanahorias.

....

Ahora escribe tu resumen del video en formato de pregunta y respuesta para el blog de tu clase.

✓ Asegúrate de que tu resumen de preguntas y respuestas

☐ tiene una introducción.
☐ está organizado en formato de pregunta y respuesta.
☐ incluye datos y detalles del video.
☐ incluye una conclusión.

Prepárate para leer

ESTUDIO DEL GÉNERO ▸ Algunos textos pueden tener más de un género. Este texto es un texto informativo y también una poesía. Los **textos informativos** ofrecen datos y ejemplos sobre un tema. La **poesía** usa los sonidos y el ritmo de las palabras para representar imágenes y expresar sentimientos.

- Los autores de los textos informativos pueden organizar sus ideas según las ideas principales, que se apoyan en detalles clave.
- Los textos científicos y sobre estudios sociales también incluyen palabras que son específicas del tema.
- Los versos de un poema suelen seguir un patrón de rima.
- El poeta reflexiona sobre un tema en particular en el poema.

ESTABLECER UN PROPÓSITO ▸ **Piensa en** el título y los géneros de este texto. ¿Por qué decidiría la autora incluir poesía en un texto informativo? Escribe tus ideas abajo.

VOCABULARIO CRÍTICO

vid

fornido

deshidratan

Conoce a la autora y al ilustrador:
Pam Muñoz Ryan y Craig Brown

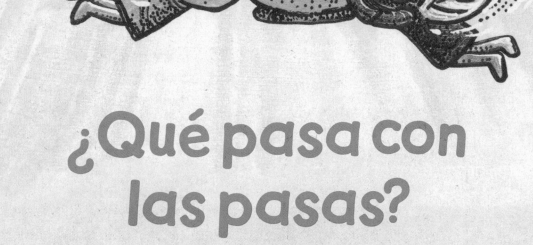

¿Qué pasa con las pasas?

por Pam Muñoz Ryan

Ilustrado por Craig Brown

1 ¿Qué pasa con las pasas?
Cuéntame todos los detalles.
Estas peculiares frutitas,
¿florecen y crecen en las calles?
¿Las pasas se plantan en la Tierra o en otros planetas lejanos?
¿Las cultivan los alienígenas y las mandan a nuestras manos?

2 Las pasas son uvas secas. Hasta el momento, no existen pruebas de que las pasas se cultiven en otros planetas. Las pasas se cultivan en la Tierra, en países como Turquía, Irán, Grecia, Australia y los Estados Unidos.

3 ¿Quién descubrió las pasas?
¿Están aquí desde tiempos lejanos?
¿Quiénes las probaron primero: los dinosaurios o los humanos?

4 Es muy probable que las pasas se descubrieran cuando alguna persona o animal probó las uvas que se secaron en una **vid**. Durante años, tanto las personas como los animales trataron de descubrir qué uvas son las que producen las pasas más dulces y sabrosas.

vid   La vid es una planta de tallo muy alargado y fino que crece por el suelo o alrededor de algo. De ella salen las uvas.

5 ¿Crecen las pasas en un solo lugar
como un campo que sea una maravilla?
¿Existe algún pueblo especial
que se llame Pasadena o Pasavilla?

6 Las pasas crecen mejor en zonas con tierra fértil,
muchos días de calor, un clima seco y gran cantidad
de agua. Casi todas las pasas de los Estados Unidos
se cultivan en el valle de San Joaquín, cerca de
localidades como Chowchilla, Dinuba, Kingsburg,
Selma, Weedpatch y Raisin City (*raisin* es "pasa" en
inglés). Aproximadamente, el 90 por ciento de las
pasas que se venden en los Estados Unidos vienen
de la zona de Fresno, California.

7 ¿Cómo hacen los agricultores
para cultivar las pasas?
¿Solo plantan las semillas
y esperan en sus casas?

8 Los granjeros crean cosechas nuevas tomando
"esquejes" de vides más viejas. Estos pedazos de
tallo se plantan en arena hasta que prenden.
Luego, se plantan en el campo junto a una
estaca de madera.

Pasavilla, EE. UU.

9 ¡Mira cómo crecen las plantas con sus ramas poco rectas! ¿Existe algún domador de vides que las ponga en filas perfectas?

10 Las vides crecen hasta una altura de aproximadamente ocho pies. Los trabajadores atan las robustas ramas o cañas a filas de alambres. Suele haber dos alambres, uno arriba a una altura de aproximadamente seis pies y otro debajo a tres o cuatro pies de altura.

11 ¿Cuánto tardan en crecer las pasas? ¿Una semana, un mes, un año? ¿Cuántas horas hay que esperar hasta que alcanzan su tamaño?

12 Se necesitan al menos tres años para que las vides alcancen la madurez suficiente para producir la primera cosecha de pasas. ¡Eso equivale a 26,280 horas!

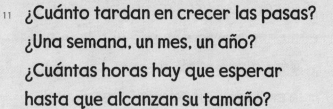

13 ¿Y cómo las cosechan las personas cuando las pasas están maduras? ¿Contratan a un gigante fornido que se las baje de las alturas?

14 Cuando las uvas están listas, los vendimiadores más expertos cortan los racimos de las vides con unas tijeras especiales muy afiladas.

15 La mayoría de las uvas se convierten en pasas de la misma forma que lleva haciéndose desde hace años: dejándolas secar al sol.

fornido Un hombre fornido es grande y fuerte.

16 ¿Cómo se colocan las pasas mientras el sol las tuesta? ¿Descansan sobre toallas como si durmieran la siesta?

17 Los racimos de uvas se colocan sobre bandejas de papel marrón en el suelo entre las filas de vides. Esto es lo que se conoce como "pasificación". El sol sale por el este y se pone por el oeste. La mayoría de los agricultores de pasas plantan sus vides en filas de este a oeste. De esta forma, las uvas que se secan entre las filas reciben más sol. Si se secaran en filas de norte a sur, estarían a la sombra parte del día. En lo que respecta a las pasas, cuanto más sol, mejor.

18 ¿Cuánto tiempo hace falta hasta que se endulzan y se secan? ¿Cuántas semanas están bajo el sol hasta que los racimos se cosechan?

19 Las pasas se secan al sol durante dos o tres semanas. Luego, las bandejas de papel se enrollan en fardos similares a los burritos y se dejan en el campo durante unos días para asegurarse de que todas las pasas están secas.

20 Las pasas no son como las uvas,
parecen rugosas y ajadas.
¿Se sumergen en una bañera
hasta que quedan arrugadas?

21 Cuando las uvas se secan bajo el sol caliente, el agua que contienen se evapora. Cuanta más agua pierden, más se deshidratan las uvas, por eso se arrugan.

> **deshidratan**   Cuando las cosas se deshidratan, se secan y se hacen más pequeñas y arrugadas.

22 ¿Cuántas uvas hay que secar
en los valles soleados
para obtener una libra
de estos frutos delicados?

23 Hacen falta alrededor de cuatro libras y media de uvas frescas para obtener una libra de pasas.

24 ¿Quién las coloca en las cajas
que mantienen su dulzor?
¿Son pequeñas hadas madrinas
las que trabajan con vigor?

25 En el momento apropiado, se llevan las cajas de pasas a las fábricas para embalarlas. ¡Solo lleva 10 minutos embalar cada caja! Los trabajadores y las máquinas quitan los tallos y pecíolos, clasifican y lavan las pasas. Luego, las pasas se embalan en diferentes cajas y bolsas.

26 ¿Y qué pasa con las pasas
que no son las mejores?
¿Las mandan a la escuela
hasta que aprenden sus labores?

27 En las pasas, no se desperdicia nada. Los tallos y pecíolos se muelen y se utilizan para alimentar a los animales. Las pasas que no son perfectas se convierten en concentrado de pasa, utilizado como conservante natural en tortas, panes y galletas. Las mejores pasas se utilizan para comer, hornear y agregar a los cereales.

1. Tomar mucho sol.
2. Voltearse después de dos semanas.
3. Secarse uniformemente.

28 Las pasas no llevan azúcar
mas su dulzura tiene una gran riqueza.
¿Son las trabajadoras abejas
que las bañan en miel con delicadeza?

29 ¡Las pasas son dulces por naturaleza!

30 Hace siglos que las personas valoran mucho las pasas. Los científicos que planearon los menús para los viajes al espacio sabían que son una comida rápida y perfecta para recorridos duraderos. Son de peso ligero, no se arruinan fácilmente, satisfacen el apetito de algo dulce y aportan nutrientes y energía.

Conversación colaborativa

Vuelve a leer lo que escribiste en la página 310. Comenta con un compañero tus ideas sobre por qué decidió la autora incluir poesía. Luego trabaja en grupo y comenta las preguntas de abajo. Busca detalles en *¿Qué pasa con las pasas?* para apoyar tus ideas. Toma notas para responder las preguntas. Durante la conversación, escucha atentamente y haz preguntas a los demás miembros del grupo como ayuda para comprender las ideas.

1 Repasa las páginas 314 y 315. ¿Qué partes del cultivo de las pasas dan más trabajo? ¿Qué partes del cultivo toman más tiempo?

2 Vuelve a leer las páginas 317 y 318. ¿De qué maneras usan las pasas las personas?

3 ¿Qué relación tiene la poesía con el texto informativo? ¿Cuál es el motivo por el que la autora incluyó la poesía?

¿Qué pasa con las pasas?
por Pam Muñoz Ryan
Ilustrado por Craig Brown

Sugerencia para escuchar

Mira a cada hablante y escucha atentamente. ¿Comprendes la idea que comparte cada cada uno?

Sugerencia para hablar

Si deseas más información, haz una pregunta, como *¿Puedes hablar más sobre…?*

Escribir un ensayo de opinión

TEMA PARA DESARROLLAR

En *¿Qué pasa con las pasas?*, la autora crea imágenes realistas y usa un formato de pregunta y respuesta para ofrecerles a los lectores datos sobre las pasas de forma atractiva. La autora hace preguntas usando poesía en rima y luego las responde en prosa común.

Escribe un ensayo que dé ejemplos de las imágenes más realistas de *¿Qué pasa con las pasas?* Luego di qué ejemplos te gustan más. Da razones para apoyar tu opinión. No olvides usar algunas de las palabras del Vocabulario crítico en tu escritura.

PLANIFICAR

Haz una lista de las frases del texto que crean una imagen realista en tu mente. Cuando hayas terminado la lista, encierra tus frases favoritas en un círculo.

Ahora escribe tu ensayo de opinión que diga qué ejemplo de imágenes realistas te gustó más.

Asegúrate de que tu ensayo de opinión

☐ comienza con una introducción y termina con una conclusión.

☐ incluye ejemplos de imágenes realistas del texto.

☐ plantea tu opinión.

☐ da razones para apoyar tu opinión.

Prepárate para leer

ESTUDIO DEL GÉNERO Los **textos informativos** ofrecen datos y ejemplos sobre un tema.

- Los autores de los textos informativos pueden presentar sus ideas en orden secuencial o cronológico. Esto ayuda a los lectores a comprender qué ocurrió y cuándo.

- Los textos científicos incluyen palabras específicas del tema. Estas palabras nombran cosas o ideas.

ESTABLECER UN PROPÓSITO **Piensa en** el título y el género de este texto y mira las fotografías. ¿Qué crees que vas a aprender en este texto? Escribe tus ideas abajo.

VOCABULARIO CRÍTICO

distribución

pérgola

trasplantarán

mantillo

florecen

granos

Conoce al autor y fotógrafo:
George Ancona

ES NUESTRA HUERTA

Desde las semillas hasta la cosecha en una huerta escolar

❀ por George Ancona ❀

Suena el timbre de la escuela...

1 y los salones de clases estallan con el ruido de libros que se cierran, de sillas que se deslizan por el suelo y de niños que charlan. ¡Es la hora del recreo! Los estudiantes salen a la huerta de la escuela.

2 El sueño de la maestra McCarthy, de tercer grado, era tener una huerta en la escuela. Habló con los demás maestros, con el director y con los padres. Todos colaboraron para que su sueño se hiciera realidad. La huerta la cuida doña Sue.

3 El marido de doña Sue, Will, diseñó la distribución de la huerta. Los estudiantes universitarios Paul, Danielle, Autumn y Allie se ofrecieron como voluntarios para guiar a los niños en los proyectos de la huerta.

> **distribución**   La distribución es el plan que muestra cómo se dividen las cosas y en qué lugar se colocan.

4   Los estudiantes entran a la huerta a través de una pérgola. Es primavera y hay muchas tareas que hacer. Según el clima, algunas clases se dan en el salón al aire libre, en la huerta o en el invernadero.

5   A comienzos de primavera, doña Sue les pide a los estudiantes que hagan un libro con imágenes recortadas de catálogos de semillas. Esas serán las flores, frutas y hortalizas que los estudiantes cultivarán. Después, ella y los estudiantes decidirán dónde plantarlas.

> **pérgola**   Una pérgola es una estructura que sostiene plantas.

6 Cada día, uno de los estudiantes debe tomar un cubo de restos de alimentos de los almuerzos y las meriendas, y verterlo en la pila de fertilizante.

7 El fertilizante se compone de tierra, plantas muertas y restos de comida. Dentro de la pila, las lombrices rojas se ocupan de comer y de convertir estos ingredientes en humus. El fertilizante se mezcla en los arriates, que son cuadros de siembra de un jardín o de una huerta, para proporcionar alimento a las plántulas. Las plántulas son las plantas jóvenes que hace poco tiempo brotaron de las semillas.

8 La primavera es la estación adecuada para plantar. Estas son algunas de las semillas que se sembrarán en la huerta.

9   Cuando hace frío, algunas semillas se plantan en el invernadero. Allí, los estudiantes llenan macetas pequeñas de plástico con tierra fértil y plantan una semilla en cada una. Las macetas se dejan en el invernadero. El sol las calienta. Pronto, plántulas diminutas empiezan a salir de la tierra. Cuando sean más grandes y haga más calor, se trasplantarán a los arriates de la huerta al aire libre.

10   Las flores, hortalizas y frutas se plantan en arriates de tierra fertilizada. En medio de la huerta, hay un tipi hecho con postes de bambú. Algunos estudiantes plantan semillas de frijoles en la base de cada poste. Son plantas enredaderas que crecerán alrededor de los postes y echarán vainas.

---

trasplantarán   Las plantas que se trasplantarán se moverán del lugar en el que estaban creciendo y se plantarán en otro nuevo.

11   Mientras tanto, a la sombra matutina de la escuela, Paul reparte semillas para plantarlas en los arriates. La poca altura de los muros de bloques de adobe que separan los arriates facilita el riego.

12   Otro grupo de estudiantes siembra plántulas de calabaza. Danielle ayuda a un estudiante a trasplantar una plántula de tomate. Una vez que las semillas y las plántulas están en la tierra, los arriates se riegan y cubren con un mantillo de paja. De esta forma, se evita que la tierra se seque.

13   Se necesita mucha agua para mantener una huerta sana. Cuando llueve, el agua fluye por el tejado, baja por una tubería y se almacena en un tanque subterráneo llamado cisterna. El panel solar que hay en el tejado

> **mantillo**   Si colocas un mantillo en tu jardín o huerta, pones paja o astillas de madera alrededor de las plantas para protegerlas.

del salón de clases al aire libre crea electricidad para activar la bomba que saca el agua de la cisterna. Una de las tareas favoritas de los estudiantes es regar la huerta. Doña Sue llena las regaderas de colores para que ellos puedan hacerlo.

14   Las tomateras están rodeadas de tubos de plástico llenos de agua. Durante el día, el sol calienta el agua de los tubos. Por la noche, los tubos proporcionan la calidez que las raíces de las tomateras necesitan para crecer. Cuando no hay agua de lluvia en la cisterna, se utiliza una manguera conectada a una llave externa para mantener la tierra húmeda y las plantas sanas.

15   Mientras las plantas crecen durante los días cálidos de primavera, todavía hay mucho trabajo que hacer en la huerta. Los estudiantes mezclan arena, tierra, agua y paja cortada para hacer bloques de adobe. Los bloques se usan para hacer los muros pequeños que separan los arriates. En el suroeste de los Estados Unidos, todavía utilizan ladrillos de adobe para construir casas.

16   El adobe también se usa para cubrir el horno de barro tradicional donde se cuece el pan. Cada primavera, se aplica una capa nueva de adobe en el horno de barro que está en la esquina del salón de clases al aire libre.

17 Hay muchas plantas diferentes en el huerto de especias, como albahaca, cebollino y salvia. Cada planta tiene un sabor y olor diferentes.

18 Los rábanos se cosechan en primavera. Doña Sue pide a algunos estudiantes que recojan los rábanos. Después de lavarlos para eliminar los restos de tierra, los niños clavan los dientes en esta hortaliza roja brillante. Una niña la encuentra muy picante y la echa a la pila de fertilizante. ¡Más comida para las lombrices!

19   Algunas tardes y fines de semana, la huerta se convierte en el lugar de reunión para la comunidad de la escuela. Los estudiantes regresan con sus familiares y amigos. Abonan, siembran, plantan, trasplantan, desmalezan, riegan y cavan. Ahora, florecen las flores y los arriates están verdes. La huerta está creciendo gracias a los cuidados numerosos que se le proporciona.

20   Las tareas de la huerta continúan en verano. La escuela está cerrada, pero la huerta es un foco de actividad. Ofrece el entorno perfecto para la música y los encuentros entre niños, adultos, amigos y familias. La música llena la huerta de alegría.

florecen   Cuando los árboles o plantas florecen, echan flores y estas se abren.

21   En agosto, la mayoría de las frutas y hortalizas están maduras. Cocinarlas y comerlas se ha convertido en una actividad habitual en la huerta.

22   Un padre ayuda a los niños a hacer *pizza* un día de reunión de la comunidad. Primero, mezclan los ingredientes para preparar la masa y la amasan. Luego, la estiran con un rodillo. Después, echan aceite sobre la masa estirada. Cortan tomates maduros y los colocan encima. Por último, sin duda, queso rallado.

23   Después de encender el fuego en el horno de barro, se mete la *pizza*. Cuando la *pizza* chisporroteante sale del horno de barro, aparece un grupo de jardineros hambrientos. Las porciones desaparecen como por arte de magia. Por suerte, todavía van a hacer muchas más *pizzas*.

24   El verano termina y comienza otro año escolar. Las hojas de los árboles están cambiando de color y muchas de las frutas y hortalizas de la huerta están preparadas para que las recojan. Los estudiantes se turnan para colarse en el tipi y recoger los frijoles de las enredaderas.

25   Uno de los arriates se cultivó según el método tradicional de los nativos americanos, que recibe el nombre de "las tres hermanas". El maíz se planta junto con frijoles y calabazas. Los tallos de los frijoles crecen y se enredan en los tallos del maíz. Las hojas del maíz y la calabaza le proveen sombra a la tierra para mantenerla húmeda. Los frijoles se cosechan cuando las vainas se secan, es decir, cuando cambian de color verde a tostado.

26   Las coles son muy difíciles de recoger. Sus raíces largas y fuertes ponen a prueba la fuerza de los niños más grandes de la escuela.

27   Los pepinos limón son una experiencia nueva para casi todos los estudiantes. A los niños les gustan porque se pueden comer como manzanas.

28   En el arriate de "las tres hermanas", el maíz rojo ya está listo para la cosecha. Las mazorcas se sacan de las cañas y se descascarillan. Luego, los granos se separan de la mazorca y se guardan en un tarro.

29   Después, estos granos se calientan en aceite y se convierten en palomitas de maíz deliciosas. Los estudiantes están encantados.

30   La cosecha es la oportunidad para que doña Sue haga preguntas a los niños sobre las variedades de cultivos que se producen en la huerta. Para la prueba, diseña un juego. Las tarjetas con las respuestas las coloca boca abajo, debajo de cada fruta, hortaliza o especia.

granos   Los granos son las semillas y los frutos de algunos cereales, como el maíz o el trigo.

31   Para celebrar el final de la cosecha, se preparan almuerzos con muchas de las hortalizas de la huerta. Estas celebraciones se convierten en un festival de diversión y buena comida.

32   El último día de reunión de la comunidad del año, estudiantes y familias se juntan para preparar la huerta para el invierno. El aire está seco y frío. Las heladas han cambiado el color de los árboles por el dorado. Los vientos han regado muchas hojas sobre el suelo. Las plantas verdes del verano están marchitas y marrones. Las plantas muertas se arrancan y se colocan en la pila de fertilizante.

33   El fertilizante se presiona y se mezcla con la tierra. Las plantas de fresas y los arriates se rodean con un mantillo de paja. Ahora, todo está listo para que lo cubra una capa de nieve. ¡Duerme bien, querida huerta!

34   ¡**H**asta el próximo año!

ES NUESTRA HUERTA

Desde las semillas hasta la cosecha en una huerta escolar

Conversación colaborativa

Vuelve a leer lo que escribiste en la página 322. Comenta con un compañero lo que aprendiste en el texto. Luego, trabaja en grupo y comenta las preguntas de abajo. Busca detalles en *Es nuestra huerta* para apoyar tus ideas. Toma notas para responder las preguntas. Asegúrate de que comprendes lo que los demás miembros de tu grupo dicen y de que ellos también te comprenden a ti.

1 Vuelve a leer la página 326. ¿Por qué los estudiantes miran catálogos de semillas? ¿Cómo les ayudará esto?

2 Repasa las páginas 330 y 331. ¿Cómo consiguen los estudiantes el agua que usan para regar las plantas?

3 ¿Cuáles son algunas de las formas en que se usan las frutas y las verduras de la huerta?

Sugerencia para escuchar

Si no comprendes lo que dijo otra persona, haz preguntas. También puedes pedirle que hable más despacio o un poco más alto.

Sugerencia para hablar

Ayuda a los demás miembros del grupo a comprender lo que dices hablando a un ritmo que no sea demasiado rápido ni demasiado lento.

Escribir un manual de instrucciones

TEMA PARA DESARROLLAR

En *Es nuestra huerta*, el autor describe qué deben hacer los niños, los padres y los demás voluntarios para que la huerta de la escuela tenga éxito. Hay mucho trabajo que hacer durante las diferentes estaciones del año.

Imagina que te han pedido que escribas un manual de instrucciones para los voluntarios nuevos de la huerta de la escuela. Escribe un párrafo que compare las tareas y actividades que se hacen en la huerta durante cada estación del año. No olvides usar algunas de las palabras del Vocabulario crítico en tu escritura.

PLANIFICAR

Divide este espacio en cuatro recuadros. En cada uno, haz una lista de las tareas que deben realizarse durante cada estación del año.

Ahora escribe tu manual de instrucciones que describa las tareas que deben realizarse en la huerta durante cada estación.

✓ Asegúrate de que tu manual de instrucciones

☐ introduce el tema.

☐ resume las tareas de la huerta que deben realizarse en cada estación.

☐ está organizado de forma lógica.

☐ usa palabras de transición como *luego*, *después* y *a continuación* entre los temas.

☐ usa palabras de enlace como *también, otro, y* o *más* para conectar las ideas relacionadas.

ES NUESTRA HUERTA

Desde las semillas hasta la cosecha en una huerta escolar

(?) Pregunta esencial

¿Cómo llegan los alimentos a la mesa?

Escribir un artículo informativo

TEMA PARA DESARROLLAR Piensa en lo que aprendiste sobre los alimentos en este módulo.

Imagina que formas parte de un equipo que va a enseñar a los estudiantes más jóvenes a sembrar y cultivar una planta. Escribe un artículo que presente cada uno de los pasos de forma clara. Usa evidencias de los textos y el video como ayuda para identificar los pasos.

Voy a escribir sobre _____.

✓ Asegúrate de que tu artículo informativo
☐ presenta el tema.
☐ incluye datos, definiciones y detalles de los textos y el video.
☐ presenta los pasos en un orden lógico.
☐ tiene una conclusión o enunciado de cierre claro.

PLANIFICAR .... **Reúne información.**

¿De qué planta vas a explicar el proceso de cultivo? ¿Qué pasos necesitas incluir? Vuelve a leer tus notas y repasa los textos y el video para buscar ideas.

Planifica tu artículo en la tabla de abajo. Escribe una oración para la idea principal que plantee tu tema y diga lo que vas a explicar. Luego, usa evidencias de los textos y el video para hacer una lista con los pasos que vas a incluir. Usa las palabras del Vocabulario crítico siempre que sea posible.

Mi tema: ______________________________

Idea principal

↓

Pasos

1.

2.

3.

4.

HACER UN BORRADOR ·································· **Escribe tu artículo informativo.**

Usa la información que escribiste en el organizador gráfico de la página 345 para hacer un borrador de tu artículo informativo.

Presenta el tema de forma clara. Atrae la atención de los lectores para que quieran saber más.

```
┌─────────────────────────────────────────────────────────┐
│                                                         │
│                                                         │
│                                                         │
└─────────────────────────────────────────────────────────┘
```

Haz una lista de los pasos a seguir para sembrar y cultivar una planta en el **párrafo central** del artículo. Usa palabras de enlace, como *primero, a continuación* y *por último*, para conectar los pasos.

```
┌─────────────────────────────────────────────────────────┐
│                                                         │
│                                                         │
│                                                         │
└─────────────────────────────────────────────────────────┘
```

Termina revisando lo que explicaste. Ofréceles a los lectores algunas ideas sobre cómo usar su primera cosecha.

```
┌─────────────────────────────────────────────────────────┐
│                                                         │
│                                                         │
│                                                         │
└─────────────────────────────────────────────────────────┘
```

Los pasos de revisión y edición te dan la oportunidad de observar detenidamente tu escritura y hacer cambios. Trabaja con un compañero y determina si has explicado tus ideas con claridad a los lectores. Usa estas preguntas como ayuda para evaluar y mejorar tu artículo.

PROPÓSITO/ ENFOQUE	ORGANIZACIÓN	EVIDENCIA	LENGUAJE/ VOCABULARIO	CONVENCIONES
☐ ¿Plantea mi artículo el tema de forma clara? ☐ ¿Incluí todos los pasos importantes?	☐ ¿Enumero los pasos en un orden lógico? ☐ ¿Comencé y terminé de forma interesante?	☐ ¿Apoyé mi idea principal con evidencias de los textos y el video?	☐ ¿Usé palabras claras y exactas para explicar cada paso?	☐ ¿Están todas las palabras escritas correctamente? ☐ ¿Usé la puntuación correcta?

PRESENTAR · Comparte tu trabajo.

Crear la versión final Elabora la versión final de tu artículo. Puedes incluir una fotografía o un dibujo de la planta que elegiste. Considera estas opciones para compartir tu artículo.

1 Junta tu artículo con los de tus compañeros para crear una exposición titulada "Guía para cultivar" para los estudiantes más jóvenes.

2 Lee tu artículo a tus compañeros de clase. Invítalos a hacer comentarios y preguntas.

3 Haz un video para mostrar los pasos que describes en tu artículo. Publica el video en la página web de tu clase o escuela.

347

Cuenta un cuento

"El lenguaje surge de la vida, de sus necesidades y experiencias".

— Anne Sullivan

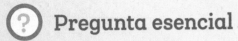

Pregunta esencial

¿Por qué es importante transmitir cuentos e historias de generación en generación?

Video de
Mentes curiosas

Palabras acerca de los cuentos

Las palabras de la tabla de abajo te ayudarán a hablar y escribir sobre las selecciones de este módulo. ¿Cuáles de las palabras acerca de los diferentes tipos de cuentos ya has visto antes? ¿Cuáles son nuevas para ti?

Completa la Red de vocabulario de la página 351. Escribe sinónimos, antónimos y palabras y frases relacionadas para cada palabra.

Después de leer cada selección del módulo, vuelve a la Red de vocabulario y añade más palabras. Si es necesario, dibuja más recuadros.

PALABRA	SIGNIFICADO	ORACIÓN DE CONTEXTO
mito (sustantivo)	Un mito es un cuento conocido sobre acontecimientos fantásticos que ocurrieron en el pasado.	Leímos un mito sobre los unicornios que antes vivían en los bosques.
folclore (sustantivo)	El folclore es el conjunto de dichos, creencias y cuentos tradicionales de una comunidad.	Presentaron un baile tradicional que es parte de nuestro folclore.
relatar (verbo)	Cuando relatas un cuento, historia o acontecimiento, das a conocer cómo sucedió algo.	Un día, mi mamá me va a relatar las historias que aprendió de su mamá.
heredar (verbo)	Cuando heredas algo, recibes algo de alguien, por lo general, de tus padres o abuelos.	Un día, Sonia heredará las joyas de su abuelita.

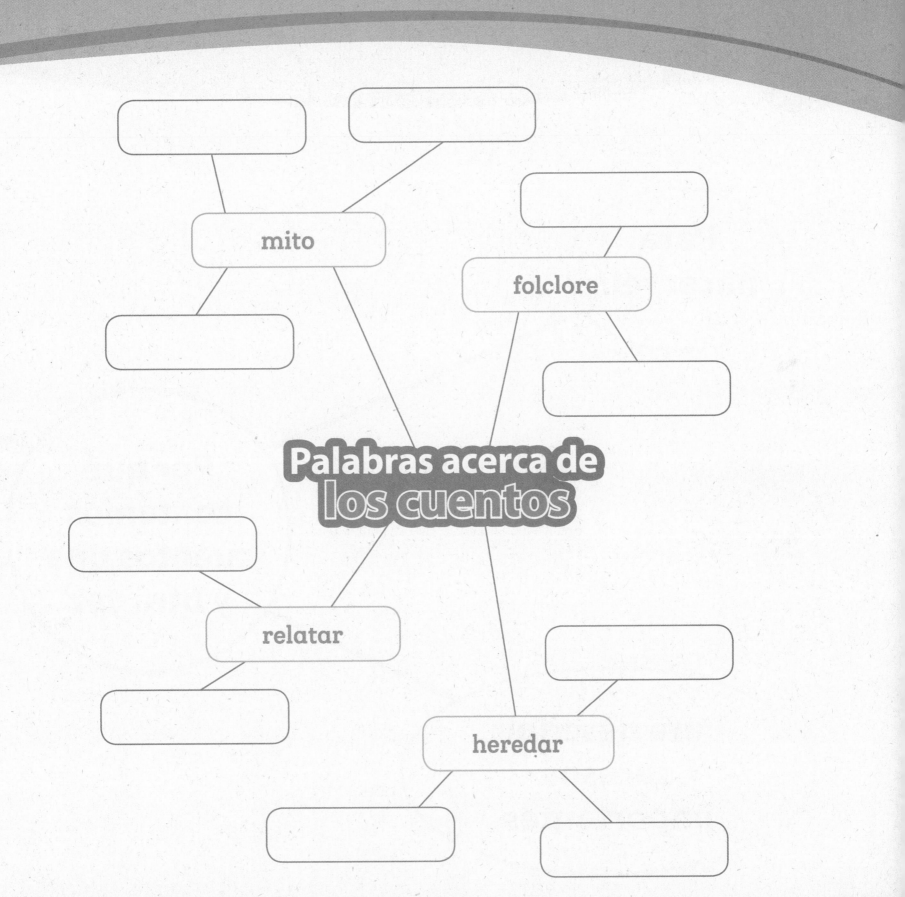

mito

folclore

Palabras acerca de
los cuentos

relatar

heredar

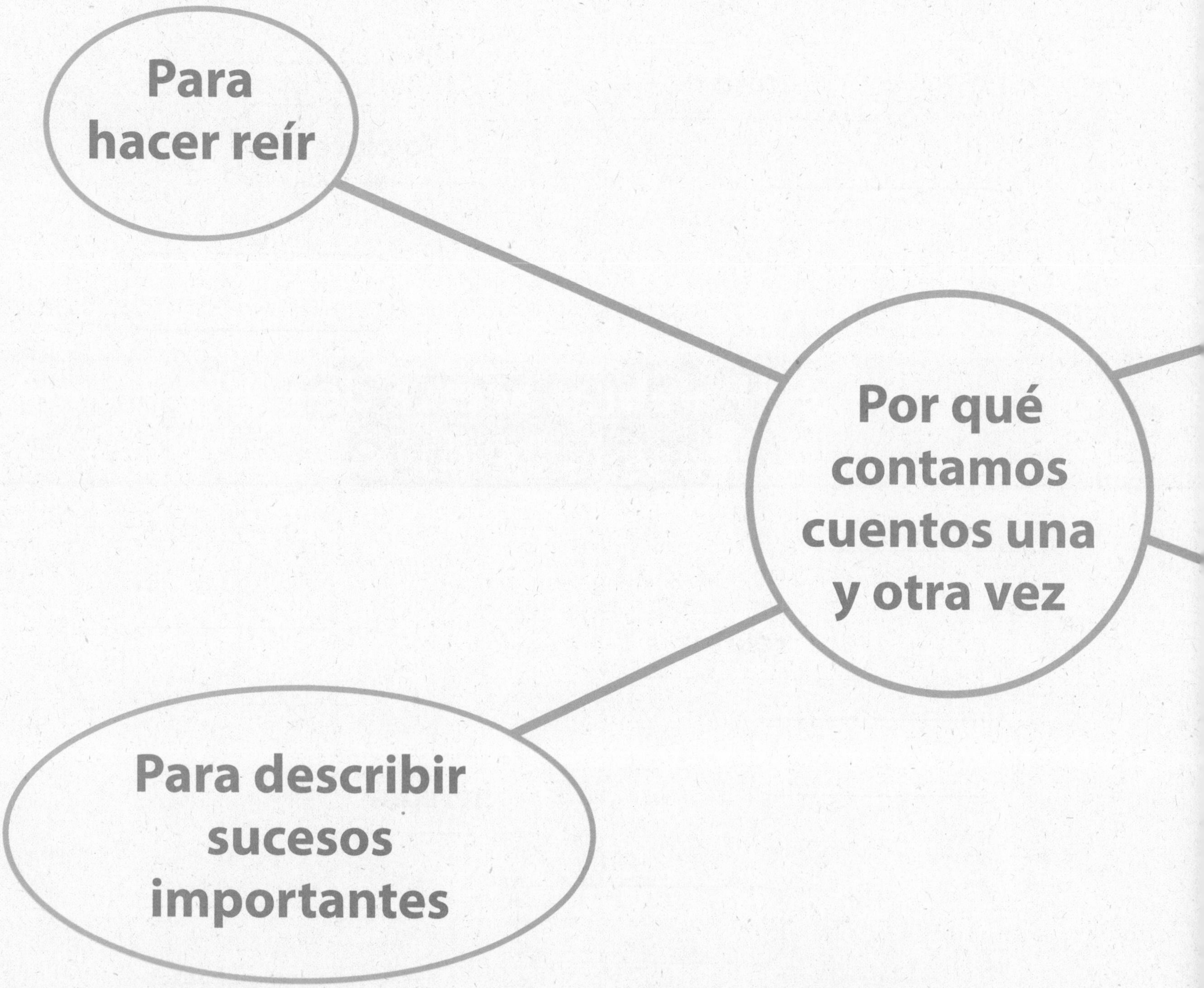

Para
hacer reír

Por qué
contamos
cuentos una
y otra vez

Para describir
sucesos
importantes

Para enseñar una lección importante

Para contar sobre las creencias de una cultura

Lectura breve

Por qué contamos cuentos

¹ **P**robablemente conoces cuentos e historias que se han transmitido con el paso del tiempo. Como el cuento de Cenicienta, que pierde un zapato de cristal y encuentra a su príncipe. Quizás también conoces a Juan, el niño que sube por una planta de habichuelas y se encuentra con un gigante malvado. Estos dos cuentos existen desde hace muchos años.

² ¿Por qué hay cuentos que la gente cuenta repetidas veces? A muchos grupos de personas les gusta compartir las mismas ideas una y otra vez. Las ideas pueden ser lecciones sobre el buen comportamiento. También pueden ser relatos sobre la historia de las personas. Un cuento puede relatar o contar cómo algo llegó a ser lo que es. Puede hablar sobre un héroe o dar una enseñanza. Todas estas historias juntas forman el folclore de un pueblo.

³ La gente a menudo transmite cuentos de una generación a otra que tienen una enseñanza. Por ejemplo, Cenicienta es de buen corazón y muy trabajadora, y por eso recibe la recompensa del amor verdadero. Juan, el de las habichuelas mágicas, es valiente y aventurero, y su recompensa es un tesoro. En el cuento popular africano "El león y el chacal", un león hambriento persigue a un chacal. El chacal usa su ingenio para escapar del león. ¡Su recompensa es que el león no se lo come! El cuento nos enseña que podemos resolver problemas si usamos nuestro ingenio. Enseñanzas como esta nunca se pasan de moda.

4   Hace mucho tiempo, cuando no se entendía el funcionamiento del mundo, la gente inventaba un mito, una leyenda o un cuento popular para explicarlo. Por ejemplo, el cuento indígena "El cuervo trae la luz" cuenta una historia sobre el movimiento del Sol. Cuenta que el Ártico, la tierra del norte, siempre está oscuro. El cuervo viaja a las tierras cálidas del sur y trae la luz. Aunque ahora la ciencia explica el movimiento del Sol alrededor de la Tierra, a la gente todavía le gusta escuchar este cuento. Esta historia ayudó a los habitantes del Ártico a comprender por qué el sol está en el cielo.

5   Los cuentos deben ser entretenidos sobre todas las cosas. Si no lo fueran, la gente no los contaría. Los cuentos aburridos se olvidan con el tiempo. Mucho tiempo atrás, la gente se reunía para contar y escuchar cuentos, y para distraerse de sus rutinas diarias. Mientras más divertido y emocionante, mejor era el cuento. Por ejemplo, el cuento indígena "El coyote y la tortuga corren una carrera" cuenta la historia de la tortuga que engañó al coyote y le ganó la carrera. Este cuento ha hecho reír a la gente durante muchas generaciones.

6   Si tienes suerte, puedes heredar algunos cuentos de tu familia, tu pueblo, tu escuela o tus amigos. Si escuchas un buen cuento, no olvides contárselo a otros. Cada vez que cuentas un cuento, ayudas a mantenerlo vivo.

Prepárate para leer

ESTUDIO DEL GÉNERO Las **leyendas** son cuentos o historias del pasado que muchas personas creen, pero que no se pueden probar.

- Los autores de las leyendas cuentan la historia a través de la trama, que son los acontecimientos principales.

- Se cree que los acontecimientos de una leyenda están basados en acontecimientos reales.

- Los autores de las leyendas usan detalles sensoriales y lenguaje figurado para desarrollar el ambiente y los personajes.

- Las leyendas incluyen las creencias e ideas de una cultura.

ESTABLECER UN PROPÓSITO **Piensa en** el título y el género de este texto y mira las ilustraciones. ¿Sobre qué acontecimientos crees que trata esta leyenda? Escribe tus respuestas abajo.

VOCABULARIO CRÍTICO

laguna

guirnaldas

erupcionó

apaciguar

ascuas

estéril

Conoce a la autora e ilustradora:
Celia Godkin

Cuando el gigante despertó

por Celia Godkin

1 Hace mucho, mucho tiempo
   en un mar azul, azul celeste
   había una isla verde, muy verde.

2 En la isla
   había playas de arena blanca
   y muchos cocoteros,
   y las tortugas marinas
   llegaban con la luna
   a enterrar sus huevos.

3 En la isla
   había frondosos bosques verdes
   con mariposas de colores brillantes,
   donde inquietos loros rojos
   chillaban y parloteaban
   en las copas de los árboles.

4 En la isla
   había una laguna azul
   con peces plateados
   en un jardín submarino
   de animales extraños.

> **laguna** Una laguna es un depósito de agua
> dulce o salada que está separada del mar.

5   En la isla
    había un pueblo tranquilo
    de casas de techo de paja,
    donde gente amable y sonriente
    trabajaba y descansaba.

6   Recogían
    cocos de las playas,
    frutas de los bosques
    y peces de la laguna.

7   Sobre esta isla pacífica
    se elevaba una montaña
    puntiaguda como un cono.
    Casi siempre estaba calmada,
    pero en algunas ocasiones
    echaba una bocanada
    o rugía como un gigante
    que en su sueño murmurara.

8 Cuando el gigante se estremecía,
la gente del pueblo
llevaba guirnaldas de flores
a la cima de la montaña
y las echaba al cráter.
Y rezaba, porque el aroma
dulce e intenso de las flores
sumiera
al dios de la montaña
en un profundo sueño.

9 Pero llegó un día
en que la montaña
no se durmió.
Retumbó y rugió.
Erupcionó y un humo negro
cayó como una lluvia de cenizas
sobre el pueblo.

---

guirnaldas Las guirnaldas son tiras tejidas de flores, hierbas o ramas.

erupcionó Si un volcán erupcionó, entró en erupción o expulsó de repente gran cantidad de humo o fuego y lava.

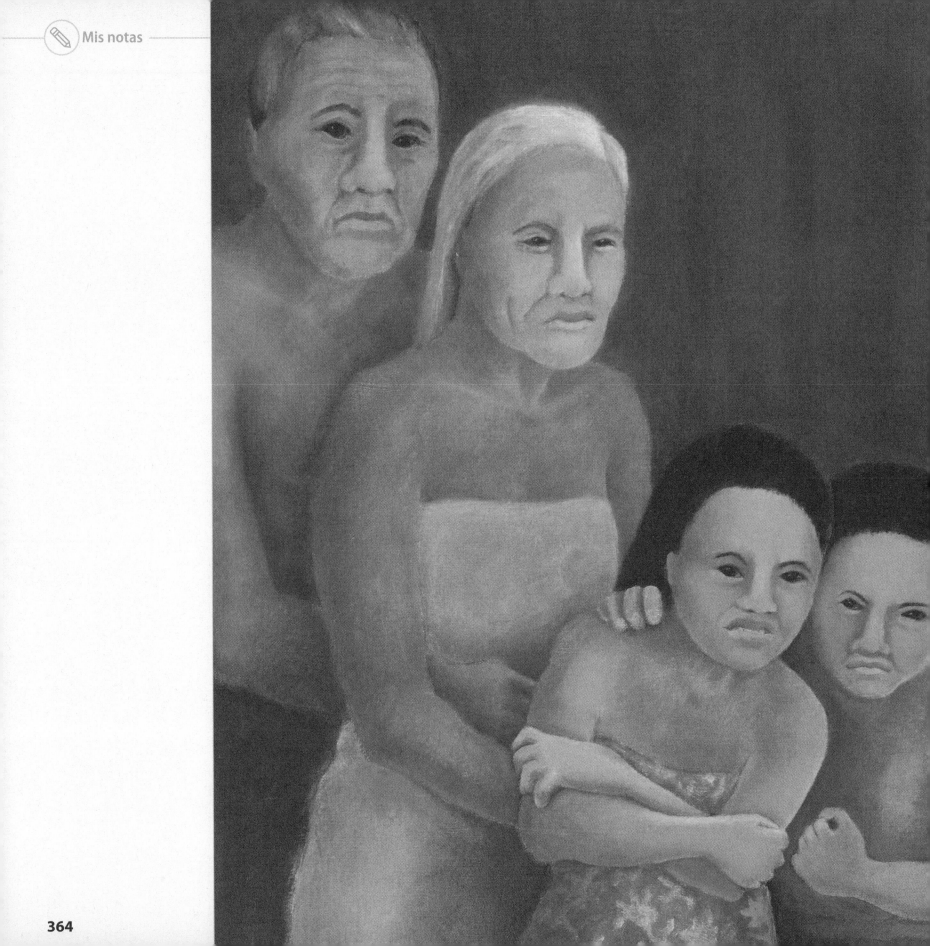

10 La gente tuvo miedo
    de subir a la montaña.
    Se abrazaron aterrados
    dentro de sus casas.

11 Los loros y todos los pájaros
    chillaron y parlotearon
    en el cielo.
    Formaron una nube de colores,
    grande y ruidosa,
    que atravesó el mar
    en busca de otra isla
    donde habitar.

12 El jefe del pueblo
    reunió a todos.
    Les dijo que los pájaros
    eran los mensajeros de los dioses.
    Dijo que, por la huída de los pájaros,
    la montaña despertaría muy enojada
    y ninguna flor
    iba a poder apaciguar
    a su dios de la montaña.

13 El jefe le dijo al pueblo
    que era el momento de irse
    y abandonar su isla hermosa.

14 Los habitantes obedecieron.
    Reunieron todas sus pertenencias
    y corrieron hacia la playa.
    Cargaron las barcas
    y remaron hacia alta mar,
    en busca de otra isla
    donde habitar.

apaciguar Apaciguar a una persona es tratar de hacer algo para aliviar su enojo.

15 Después de que todos se marcharon,
y durante muchos días,
la montaña escupió humo negro.
Retumbó y rugió
hasta que el suelo
tembló y tembló y tembló.

16 Y sucedió que…

17 La gente de la isla
escuchó la explosión
al otro lado del mar.
Habían llegado
a otra isla,
pero sabían
que todavía no estaban seguros.
Contaba la leyenda
que el enojo de los dioses
podía cruzar los océanos.

18   En la isla nueva subieron
rápidamente
por la ladera
de la montaña.
Al sentirse a salvo
miraron al mar
y vieron una enorme ola
que se dirigía hacia ellos.

19   Durante varios días,
olas enormes rompieron en la orilla.
Durante varias semanas,
el humo coloreó el cielo de negro
y cayeron ascuas.
Pero todos estaban a salvo
en la isla nueva y acogedora
y comenzaron a construir un pueblo.

20   ¿Pero qué había sido de su vieja isla?

> **ascuas**   Las ascuas son restos de materia
> incandescente que queda después de un fuego.

21 La montaña en su furia,
    se había dividido.
    Solo quedaban
    ruinas humeantes
    y ni un solo ser con vida.

22 Durante muchos meses, la isla
    fue una roca negra y estéril
    en un mar azul, azul celeste.

23 Pececillos nadaban a su alrededor.
    Algunos fueron a dar
    a la laguna.
    Animales extraños y asombrosos
    comenzaron a crecer en esas aguas.

24 Un día,
    el viento trajo unas semillas
    que se incrustaron en las grietas de la roca.
    Empezaron a crecer plantas pequeñas.
    Plantas más grandes empezaron a crecer.

estéril   Si la tierra está estéril, no da frutos;
las plantas y los árboles no pueden crecer.

25 Las tormentas llevaron arena blanca
hasta la orilla.
Los cocos que flotaban en el agua
llegaron a descansar sobre la arena.
Echaron raíces
y crecieron
y se volvieron cocoteros.

26 Las tortugas marinas
llegaron con la luna
a poner sus huevos en la arena.
Semanas más tarde, las tortuguitas
salieron de sus nidos
y emprendieron su carrera
hasta el mar.

27 Las mariposas revolotearon con el viento
y encontraron su hogar en las plantas.
Dos loros pasaron volando
y se posaron en las palmas.

28 Mes tras mes, año tras año,
    plantas y animales regresaron
    hasta que hubo de nuevo
    playas de arena blanca
    y muchos cocoteros
    y frondosos bosques verdes
    y mariposas y pájaros
    de colores brillantes,
    y una laguna azul
    con peces plateados
    en un jardín submarino
    de animales extraños.

29 Quizás algún día
    también vuelva a haber
    un pueblo tranquilo
    de casas de techo de paja
    y gente amable y sonriente.

30 Porque, como cuenta la leyenda,
    cuando los dioses de las montañas
    se destruyen a sí mismos,
    renacen como islas
    que se alzan sobre el mar
    en un ciclo eterno
    de destrucción y renacimiento.

Conversación colaborativa

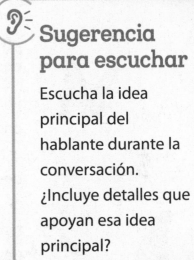

Cuando el gigante despertó
por Celia Godkin

Vuelve a leer lo que escribiste en la página 356. Comenta con un compañero tus ideas sobre los acontecimientos que describe la leyenda. Luego trabaja en grupo y comenta las preguntas de abajo. Busca detalles en *Cuando el gigante despertó* para apoyar tus ideas. Toma notas para responder las preguntas y úsalas para relacionar tus ideas con lo que dicen los demás.

1 Repasa las páginas 360 y 361. ¿Qué detalles del texto y la ilustración muestran cómo es la vida de los habitantes de la isla?

2 Vuelve a leer las páginas 363 a 367. ¿Cuáles son algunas de las razones por las que la gente decide abandonar la isla?

3 ¿Qué formas de vida regresan a la isla después de algún tiempo? ¿Qué formas de vida no regresan?

Sugerencia para escuchar

Escucha la idea principal del hablante durante la conversación. ¿Incluye detalles que apoyan esa idea principal?

Sugerencia para hablar

Expresa una idea principal con claridad. ¿Qué detalles del texto y las ilustraciones puedes nombrar que apoyen esa idea principal?

Escribir una entrada de una página colaborativa

TEMA PARA DESARROLLAR

Cuando el gigante despertó cuenta la historia de una isla que quedó destruida por un volcán. A pesar de que las personas y los animales abandonaron el lugar, después de un tiempo, la vida regresó de nuevo a la isla.

Imagina que vas a escribir una entrada sobre *Cuando el gigante despertó* en una página colaborativa sobre cuentos. Escribe un párrafo en el que describas el estado de ánimo que refleja el cuento, el tono y el mensaje principal. Puedes describir el estado de ánimo que refleja el cuento describiendo los sentimientos que puede tener un lector al leer el cuento. A veces, las ilustraciones de un texto también contribuyen a reflejar un estado de ánimo determinado. Cuando describas el tono, habla sobre la actitud de la autora con respecto al tema. El mensaje principal es la lección que pueden aprender los lectores.

PLANIFICAR

Haz una lista de los sentimientos que tuviste al leer el texto. Haz otra lista de las palabras que usa la autora que pueden reflejar su actitud con respecto al cuento.

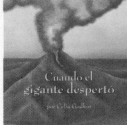

Ahora escribe tu entrada de una página colaborativa que describa el estado de ánimo que refleja el cuento, el tono y el mensaje principal de *Cuando el gigante despertó*.

✓ Asegúrate de que tu entrada de una página colaborativa

☐ describe el estado de ánimo que refleja el cuento.

☐ explica cómo las ilustraciones contribuyen al estado de ánimo que refleja el cuento.

☐ identifica el tono del cuento.

☐ dice el mensaje principal del cuento.

Observa
y anota
Contrastes y
contradicciones

Prepárate para leer

ESTUDIO DEL GÉNERO ▸ Los **cuentos populares** son relatos tradicionales que se transmiten oralmente de generación en generación.

- Los autores de los cuentos populares cuentan la historia a través de la trama.
- Los cuentos populares incluyen un mensaje o una lección.
- Los cuentos populares pueden incluir criaturas mágicas o animales que hablan como personajes.
- Los cuentos populares incluyen las creencias e ideas de una cultura.

ESTABLECER UN PROPÓSITO ▸ **Piensa en** el título y el género de este texto y mira las ilustraciones. ¿Qué lección crees que aprenderán los personajes? Escribe tus respuestas abajo.

VOCABULARIO CRÍTICO

tentador

cantidades

amenazador

▶ Desarrollar el contexto:
Cuentos populares de Nigeria

¿POR QUÉ ESTÁ TAN LEJOS EL CIELO?

Una leyenda nigeriana

Adaptación de **Marci Stillerman**

Ilustrado por **Avandu Vosi**

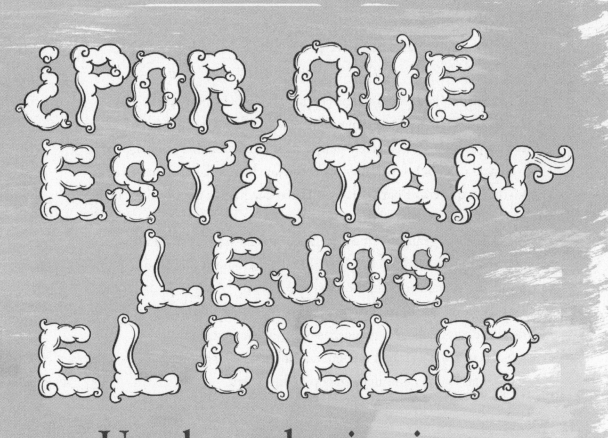

1   Al principio, el cielo estaba cerca de la Tierra y las personas no tenían que trabajar para tener alimentos. Lo único que debían hacer era cortar un pedazo de cielo para comer. Sabía delicioso, como la carne o el maíz o la miel o cualquier otra cosa que les apeteciera. Puesto que no tenían que cazar para comer, lo único que hacían era inventar, urdir y contar cuentos todo el día.

2   Cuando el gran rey Oba quería dar una fiesta, sus sirvientes cortaban pedazos de cielo y les daban formas maravillosas: de animales, diamantes, hojas o flores.

3   A medida que pasó el tiempo, las personas se olvidaron de apreciar el cielo. Lo menospreciaron y comenzaron a malgastarlo. Cortaban mucho más del que necesitaban y botaban lo que no usaban en la pila de basura.

4   El cielo se enojó por el malgasto de este regalo y la
ingratitud de las personas.

5   Un día, el cielo se puso muy oscuro. La gente
se asustó.

6   "Oba", resonó una voz sobre el palacio del rey.
"Despilfarrador, rey de un pueblo malgastador e ingrato.
Si continúan malgastando comida, no podrán seguir cortando
pedazos de cielo".

7   Oba estaba aterrado. Envió mensajeros por todo su reino.
"Tomen solo lo que precisan", advertían. "El cielo está
enojado por su glotonería. Dejen de malgastarlo
o tendremos problemas".

8   Durante un tiempo, tuvieron mucho cuidado. Cortaban solo los pedazos de cielo que necesitaban. Comían todo lo que tomaban. No botaban nada en la pila de basura. No se malgastaba nada.

9   Una vez al año, había un gran festival en el reino de Oba en el que se celebraba su grandeza. Todos deseaban mostrar sus mejores ropas, bailar todo el día y la noche y darse un festín con la comida maravillosa.

10   Los sirvientes de Oba prepararon una comida magnífica. Tomaron pedazos de cielo y les dieron forma de flores y animales, y cualquier otra forma imaginable. Las colorearon y cocinaron, y las colocaron en bandejas grandes para que tuvieran un aspecto tentador y apetitoso.

11   Los invitados vinieron con vestidos hermosos. Sonó la música y todos bailaron. Pronto, sintieron hambre y comenzaron a comer. La comida estaba tan deliciosa que comieron y comieron hasta que la terminaron.

> **tentador**   Si algo es tentador, uno lo desea intensamente.

384

12   Pero eran unos glotones y querían más, incluso cuando
ya no tenían hambre. Tomaron grandes cantidades de pedazos
de cielo y los engulleron. Lo que no les cabía, lo botaron en la pila de
basura. Glotones y malgastadores, olvidaron la advertencia
del cielo.

13   De repente, cuando todavía no había terminado el festival,
el cielo tomó un tono oscuro amenazador. Estallaron y retumbaron
truenos, y unos espantosos relámpagos afilados atravesaron el cielo.

14   "Habitantes de la Tierra", resonó en el cielo, "son unos
malgastadores y unos glotones. Se lo advertí. No les daré más
alimento. Tendrán que trabajar para comer".

cantidades   Una cantidad es una porción o un número de cosas que se puede contar.

amenazador   Si algo tiene aspecto amenazador, indica que algo malo podría pasar.

15 El cielo se elevó sobre la tierra, fuera del alcance de la más alta de las personas. Desde entonces, nadie ha sido capaz de alcanzarlo y agarrar un pedazo de él, y las personas deben trabajar duro en granjas y fábricas para tener alimentos.

Conversación colaborativa

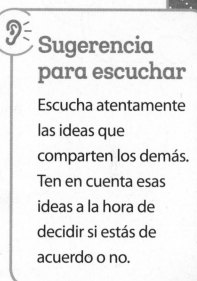

Vuelve a leer lo que escribiste en la página 380. Comenta con un compañero tus ideas sobre la lección que aprenden los personajes. Luego trabaja en grupo y comenta las preguntas de abajo. Busca detalles en *¿Por qué está tan lejos el cielo?* para apoyar tus ideas. Toma notas para responder las preguntas.

1. Repasa la página 382. ¿En qué se diferencia el cielo del cuento del cielo que vemos nosotros?

2. Vuelve a leer las páginas 384 y 385. ¿Por qué se olvida la gente de la advertencia del cielo durante el festival de Oba?

3. ¿Qué puedes decir sobre el cielo por lo que dijo e hizo?

Sugerencia para escuchar

Escucha atentamente las ideas que comparten los demás. Ten en cuenta esas ideas a la hora de decidir si estás de acuerdo o no.

Sugerencia para hablar

Vuelve a plantear la idea del hablante con tus propias palabras. Luego comparte otro ejemplo o una idea relacionada.

Escribir una lección

¿Por qué está tan lejos el cielo? es un cuento popular nigeriano que cuenta cómo se enfadó el cielo con las personas por glotonas y malgastadoras. Como ocurre con la mayoría de los cuentos populares, este cuento les enseña una lección importante a los lectores.

Imagina que eres maestro y necesitas explicarles a los estudiantes la diferencia entre el tema y el mensaje de un cuento. Escribe un párrafo que puedas repartir entre los estudiantes para explicarles la diferencia. Demuestra la diferencia con ejemplos de *¿Por qué está tan lejos el cielo?*

PLANIFICAR

Escribe la definición de *tema* **y** *mensaje.* **Debajo de cada definición, escribe notas del texto que puedas usar para demostrar el significado de la palabra.**

Ahora escribe tu lección que explique la diferencia entre tema y mensaje.

Asegúrate de que tu lección

☐ define *tema* y *mensaje*.

☐ identifica el tema y el mensaje de *¿Por qué está tan lejos el cielo?*

☐ está escrita de forma que los estudiantes más jóvenes puedan comprenderla.

☐ está libre de errores de ortografía y puntuación, incluyendo el uso de las mayúsculas.

Observa y anota
Una y otra vez

Prepárate para leer

ESTUDIO DEL GÉNERO ▶ Los **cuentos populares** son relatos tradicionales que se transmiten oralmente de generación en generación.

- Los cuentos populares pueden incluir cuentos picarescos, o cuentos de astucia, donde a veces un personaje es pícaro y otro se deja engañar.
- Los cuentos populares incluyen un mensaje o una lección.
- Los cuentos populares pueden incluir animales que hablan y que nos hacen reír con sus aventuras.
- Los cuentos populares comparten creencias, costumbres e ideas de una cultura.

ESTABLECER UN PROPÓSITO ▶ **Piensa en** el título y el género de este texto y mira las ilustraciones. ¿Quién crees que será el personaje pícaro de este cuento? Escribe tus ideas abajo.

VOCABULARIO CRÍTICO

pícaro

recompensarte

simulada

tonadas

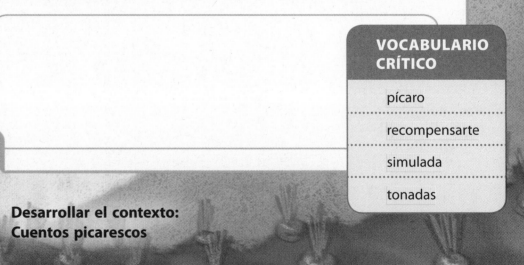

▶ **Desarrollar el contexto:**
Cuentos picarescos

Tío Conejo y Tío Lobo

Un cuento folclórico de Ecuador

1   Después de un largo período de hambre, Tío Conejo sacó su cabeza de la madriguera y miró nerviosamente para todos los lados.

2   Sus ojillos traviesos brillaron al ver muy cerca un hermoso huerto de zanahorias. Rápidamente se dirigió hacia allí y devoró casi todo el sembrado.

3   Cuando el hortelano encontró su chacra destruida, se lamentó profundamente y decidió cercarla para protegerla de conejos hambrientos. Tío Conejo miró la cerca detenidamente, se sonrió y no hizo caso alguno. Cavó un túnel debajo de la cerca y entró a devorar las hortalizas.

4   El hortelano se enojó y lanzó toda clase de amenazas contra Tío Conejo. Sembró nuevamente y preparó una trampa para atrapar al pícaro roedor.

5   Esta vez, el conejo cayó. El campesino lo encerró en una jaula y lo alimentó con las mejores hierbas. Él se sentía feliz y cada día engordaba más y más. Pero entonces se enteró de que el hortelano se preparaba para comérselo y empezó a pensar en la forma de escaparse de la jaula.

pícaro   Alguien que es pícaro es listo, astuto e ingenioso.

6   Una tarde vio a Tío Lobo que merodeaba por allí.
Al verlo le dijo:

    —Tío Lobo, ¿no te gustaría tener comida segura? Mi amo
me da de comer solo carne y a mí no me gusta. Por eso me
encerró en este lugar.

7   El lobo respondió:

    —¡Gracias, Tío Conejo! ¡Yo entraré para comer toda esa carne!

8   Abrió la jaula para que el conejo pudiera salir y entró para
quedarse en su lugar.

9   Cuando el hortelano llegó a dar de comer al conejo, encontró en
su lugar al lobo. Indignado, el hombre lo botó fuera de su casa.

10   Enojado y hambriento, Tío Lobo se alejó corriendo por el
bosque, mientras juraba desquitarse del pícaro conejo. No había
recorrido mucho cuando, entre unos matorrales, lo encontró
descansando.

11   —Te atrapé, bandido —dijo el lobo, mientras sostenía al pícaro
conejo por las orejas.

12   —No te enojes, Tío Lobo. Para recompensarte te voy a enviar
una oveja muy gorda que tengo aquí arriba. ¡Piensa en el
banquete que te darás!

> **recompensarte**   Si una persona quiere recompensarte, quiere darte
> algo o hacerte un bien para reparar el daño o disgusto que pudo causarte.

13 El lobo, tentado por la idea de comerse la oveja, soltó a Tío Conejo.

14 —Espérame aquí, en seguida te envío la oveja. No la dejes escapar, pues está muy gorda. Procura atajarla de cualquier manera.

15 Dicho esto, Tío Conejo se fue loma arriba.

16 El lobo, por su parte, se escondió entre los pajonales para esperar a su presa.

17 Entonces el conejo, muy pícaro, tomó una piedra bastante grande, la envolvió con una piel de oveja, la ató bien y la hizo rodar monte abajo, hacia donde se encontraba Tío Lobo.

18 Este al verla acercarse, se alistó para recibirla. Pero la simulada oveja, al venir rodando desde arriba, impactó contra el lobo, le dio un fuerte golpe y lo arrastró con ella hacia la llanura.

19 El conejo contemplaba lo sucedido y se desternillaba de risa viendo burlado a Tío Lobo.

20 —¡Auuu, auuu! ¡Cómo es posible que ese sinvergüenza me haya engañado una vez más! ¡Donde lo encuentre, me lo voy a comer!

21 Después de esto, nuevamente se encontraron los dos tíos.

22 Tío Conejo tocaba alegremente el pingullo.

23 Tío Lobo, curioso como siempre, se acercó y le preguntó:
—¿Cómo estás, Tío Conejo?

24 —Muy bien, gracias.

25 —¿Qué es eso que suena tan bonito? Te pido que me hagas escuchar esas hermosas tonadas —añadió el lobo, que todavía guardaba rencor hacia Tío Conejo por lo que le había hecho.

simulada Una cosa simulada parece algo que no es.
tonadas Las tonadas son canciones o melodías musicales.

394

26   El pícaro conejo, sabiendo que el lobo no conocía el pingullo, respondió:

—Mira, así se toca, Tío Lobo. Así lo hago yo y puedo tocar lo que sea. Abre la boca, que así se toca bien.

27   Una vez que el lobo tuvo bien abierto el hocico, el conejo miró hacia dentro y le introdujo el pingullo en la boca.

28   En seguida emprendió la carrera mientras sus ojillos brillaban de picardía.

29   Así, por donde quiera que fueran, Tío Conejo engañaba al lobo, gracias a su astucia, sin dejarse atrapar.

Conversación colaborativa

Vuelve a leer lo que escribiste en la página 390. Comenta con un compañero tus ideas sobre tu elección del personaje pícaro. Luego trabaja en grupo y comenta las preguntas de abajo. Busca detalles en *Tío Conejo y Tío Lobo* para apoyar tus ideas. Toma notas para responder las preguntas.

1 Vuelve a leer las páginas 392 y 393. ¿Por qué Tío Conejo le dice a Tío Lobo que su amo le da de comer solo carne?

2 Repasa las páginas 393 y 394. ¿Por qué piensas que Tío Lobo le cree a Tío Conejo cuando este le dice que le va a enviar una oveja muy gorda?

3 ¿Qué característica de Tío Conejo hace que siempre logre engañar a Tío Lobo?

Sugerencia para escuchar

Escucha atentamente cuando un miembro del grupo te haga una pregunta. ¿Qué información te está pidiendo?

Sugerencia para hablar

Cuando un miembro del grupo te hace una pregunta, primero vuelve a formular su pregunta para asegurarte de que comprendes lo que te está preguntando.

Escribir un artículo de opinión

Tío Conejo y Tío Lobo es un cuento popular del famoso personaje de Tío Conejo. En este cuento, Tío Conejo saca a relucir su ingenio para engañar a Tío Lobo y escapar de cada situación en que se encuentra. Tío Conejo nos hace reír con sus aventuras.

Imagina que tu clase tiene una publicación en línea con una sección llamada *Solo risas* y es tu turno de escribir un artículo para la publicación. Escribe un artículo de opinión donde expliques por qué crees que *Tío Conejo y Tío Lobo* es un cuento gracioso. Incluye ejemplos y detalles del cuento en tu artículo. Menciona la selección de palabras específicas que hace el autor y que contribuyen al humor. No olvides usar algunas de las palabras del Vocabulario crítico en tu escritura.

PLANIFICAR

Haz una lista de las palabras y frases graciosas que usa el autor.

ESCRIBIR

Ahora escribe tu artículo de opinión que diga por qué este texto es gracioso.

✓ Asegúrate de que tu artículo de opinión

☐ plantea claramente tu opinión.

☐ provee evidencias del texto para apoyar tu opinión.

☐ comienza con una introducción y termina con una conclusión.

☐ utiliza palabras de enlace como *porque, como* y *por ejemplo* para relacionar la opinión con la razón.

Observa y anota
Contrastes y contradicciones

Prepárate para leer

ESTUDIO DEL GÉNERO ▸ Los **cuentos populares** son relatos tradicionales que se transmiten oralmente de generación en generación.

- Los autores de los cuentos populares cuentan la historia a través de la trama.
- Los cuentos populares incluyen un mensaje o una lección.
- Los cuentos populares pueden incluir criaturas mágicas o animales que hablan como personajes.
- Los cuentos populares incluyen las creencias e ideas de una cultura.

ESTABLECER UN PROPÓSITO ▸ **Piensa en** el título y el género de este texto y mira las ilustraciones. ¿Qué lección crees que aprenderá el personaje principal? Escribe tus ideas abajo.

Conoce al autor:
Joe Hayes

VOCABULARIO CRÍTICO

saqueo

inspeccionó

compasión

desconfiar

reputación

astuta

Compay Mono y Comay Jicotea

Adaptación de Joe Hayes * Ilustrado por Lucia Franco

[1] Si un hombre es el padrino de tu hijo, es tu compadre.
Una mujer que es la madrina de tu hijo, es tu comadre.
Dado que la gente suele elegir a buenos amigos para que sean
los padrinos de sus hijos, compadre y comadre muchas veces
significan "buen amigo" o "buena amiga". En el habla tradicional
cubana, las palabras *compay* y *comay* se usan para referirse a
compadre y comadre.

[2] COMPAY MONO, EL SIMIO, y Comay Jicotea, la
tortuga, eran vecinos y parecían ser los mejores amigos.
Compay Mono trabajaba muy duro. Tenía una fantástica
granjita donde cultivaba muchos tipos de alimentos de muy
buena calidad. Al este, plantaba calabazas y al oeste, yucas.
Al norte, cultivaba boniatos y al sur, ñames. Cada día,
Compay Mono recorría cada esquina de su granja
para arrancar las malas hierbas y asegurarse de que sus
cultivos estaban bien. Esperaba una cosecha
muy buena.

3   Justo antes de que las calabazas estuvieran listas para recogerlas, Compay Mono se dio cuenta de que alguien había entrado en su campo por la noche y le había robado. Le faltaban al menos diez. Compay Mono estaba preocupado y fue a contarle lo del saqueo a su vecina Comay Jicotea.

4   —Deberías quedarte despierto toda la noche y vigilar el campo —le dijo la tortuga—. Párate allá, sobre la colina que queda al este de tu granja —le aconsejó—. Desde allá puedes vigilar tus calabazas y ver si alguien entra en tu campo.

5   Compay Mono siguió el consejo de su comadre. Se quedó toda la noche en la colina al este de su granjita, observando atentamente la parcela de calabazas para asegurarse de que no entraba nadie. Pero la siguiente mañana, cuando Compay Mono inspeccionó toda la granja, descubrió que, mientras vigilaba las calabazas al este, alguien había entrado por el oeste y le había robado yucas.

saqueo   Un saqueo es el acto de entrar en un lugar y robar lo que hay.
inspeccionó   Si alguien inspeccionó algo, lo comprobó con cuidado.

6   Compay Mono le contó a Comay Jicotea lo que había pasado.

7   —Seguro que te quedaste dormido —le dijo su comadre—. Esta noche, yo vigilaré tu granja. Es probable que el ladrón entre por el sur esta vez. Haré guardia allá para que nadie pueda robar tus ñames.

8   Compay Mono aceptó y, aquella noche, mientras Comay Jicotea vigilaba los ñames en el sur, alguien robó los boniatos en el norte.

9   Al día siguiente, Compay Mono le dijo a la tortuga lo que había pasado. Nuevamente, demostró sorpresa y compasión.

10 —¿Cómo puede ser? —dijo mientras agitaba la cabeza—. No cerré los ojos en ningún momento durante toda la noche. Debe ser un ladrón muy listo.

> **compasión**   Si alguien siente compasión por otra persona, comprende su situación dolorosa y siente pena por su disgusto o pérdida.

11   Compay Mono empezó a desconfiar. Sabía que Comay Jicotea tenía la reputación de ser tramposa. Pero los monos también pueden ser tramposos y Compay Mono pensó en una forma para descubrir lo que estaba pasando.

12   —Sí —dijo el mono a su comadre—. Debe haber un ladrón muy inteligente y peligroso por acá. Seguro que lo siguiente que hará es entrar en mi casa y robarme el dinero. Ya sé lo que voy a hacer. Voy a esconderlo todo en el desván. A nadie se le ocurriría buscarlo allá arriba.

13   Aquella noche, Compay Mono se tumbó en la cama, pero se quedó despierto, escuchando. Más tarde, escuchó a alguien tratando de entrar. La puerta se abrió lentamente y apareció la silueta jorobada de Comay Jicotea. Comenzó a trepar por la escalera, dirigiéndose directamente al desván.

14   Compay Mono saltó de la cama y la agarró.

15   —¡Tú eres la ladrona! —gritó—. Tú me robaste las calabazas, las yucas y los boniatos. Y creías que me ibas a robar también el dinero. ¡Debería echarte a la hoguera!

---

desconfiar   Al desconfiar de alguien, no crees a esa persona.

reputación   Si alguien tiene una reputación por algo, los demás le conocen o recuerdan por eso.

16   Comay Jicotea parecía avergonzada.

17   —Tienes razón —dijo—. Merezco un castigo. Pero no serviría de nada echarme a la hoguera. Mi concha no ardería y no aprendería la lección. Deberías lanzarme al río. Me aterra el agua fría, pero sé que es lo que merezco.

18   Como todo el mundo sabe, a los monos les da miedo el agua, así que Compay Mono pensó que la astuta Jicotea decía la verdad. Agarró a la tortuga y corrió hasta el río. La lanzó al agua tan lejos como fue capaz y, por supuesto, la tramposa Comay Jicotea se alejó nadando y riéndose.

19   Ahora, Comay Jicotea a veces toma el sol en la orilla del río, pero pasa la mayor parte del tiempo en el agua. Sabe que Compay Mono sigue intentando atraparla y castigarla. Pero también sabe que puede librarse de él al tirarse al agua, ya que el mono nunca se lanzaría detrás de ella.

astuta   Una persona que es astuta utiliza formas inteligentes o engañosas para conseguir lo que quiere.

Conversación colaborativa

Vuelve a leer lo que escribiste en la página 400. Comenta con un compañero tus ideas sobre la lección que aprende el personaje principal. Luego trabaja en grupo y comenta las preguntas de abajo. Busca detalles en *Compay Mono y Comay Jicotea* para apoyar tus ideas. Toma notas para responder las preguntas.

1 Vuelve a leer las páginas 404 a 406. ¿Por qué Compay Mono empieza a desconfiar de su vecina?

2 Repasa la página 406. ¿Por qué Compay Mono le dice a Comay Jicotea que hay dinero escondido en el desván de su casa?

3 ¿En qué se parecen Compay Mono y Comay Jicotea? ¿En qué se diferencian?

Sugerencia para escuchar

Mira a cada hablante mientras comparte sus ideas. Los gestos faciales pueden ayudarte a comprender mejor sus comentarios.

Sugerencia para hablar

Cuando acabes de compartir tus ideas con el grupo, pregunta si tienen dudas o si quieren que añadas algo a lo que ya has dicho.

Escribir un cuento de astucia

En *Compay Mono y Comay Jicotea*, Mono aprende que no debe confiar en Jicotea. Los cuentos de astucia como este son formas divertidas de aprender lecciones importantes sobre la vida.

Ahora escribe tu propio cuento de astucia. Piensa en él como una secuela de la historia que acabas de leer. Usa los mismos personajes y el mismo ambiente que el texto, pero la trama debe hablar sobre un conflicto o problema nuevo y la solución. Quizás esta vez pueda ser Compay Mono el que engaña o puede que todavía no haya aprendido la lección. ¡Tú eliges! No olvides usar algunas de las palabras del Vocabulario crítico en tu escritura.

PLANIFICAR

Haz una lista de los conflictos posibles sobre los que podrías escribir. Luego haz una lista de las formas en las que podría resolverse cada conflicto.

Ahora escribe tu cuento de astucia nuevo sobre Mono y Jicotea.

Asegúrate de que tu cuento de astucia
☐ usa los mismos personajes y el mismo ambiente que el texto que leíste.
☐ usa palabras como *primero, luego* y *después* para indicar el orden de los acontecimientos.
☐ incluye diálogos entre los personajes y descripciones de sus sentimientos.
☐ termina con una solución clara del conflicto.

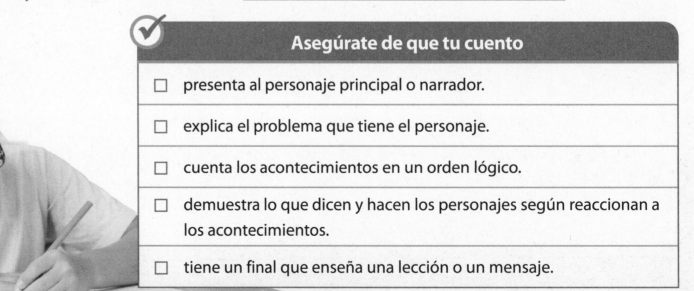

? Pregunta esencial

¿Por qué es importante transmitir cuentos e historias de generación en generación?

Escribir un cuento

TEMA PARA DESARROLLAR Piensa en los narradores que pudieron haber sido los primeros en contar los cuentos que leíste en este módulo.

Imagina que la biblioteca de tu escuela quiere agregar cuentos a su colección. Te han pedido que escribas un cuento como el que pudo haber contado un narrador hace mucho tiempo. Repasa los textos para obtener ideas y ejemplos que puedan ayudarte a escribir el cuento.

Voy a escribir un cuento sobre _____.

✔ Asegúrate de que tu cuento
☐ presenta al personaje principal o narrador.
☐ explica el problema que tiene el personaje.
☐ cuenta los acontecimientos en un orden lógico.
☐ demuestra lo que dicen y hacen los personajes según reaccionan a los acontecimientos.
☐ tiene un final que enseña una lección o un mensaje.

PLANIFICAR .... **Haz un mapa con tus ideas.**

¿Qué lección o mensaje enseñará tu cuento? ¿Cómo aprenderán los personajes esa lección? Vuelve a leer tus notas y repasa los textos para obtener ideas.

Completa el mapa del cuento de abajo con el ambiente y los personajes de tu cuento. Agrega notas sobre la lección que aprenden los personajes y lo que dicen y hacen para aprenderla. Usa las palabras del Vocabulario crítico siempre que sea posible.

Mi tema: ____

Ambiente	**Personajes**
Problema	
Acontecimientos	
Solución/Lección	

HACER UN BORRADOR ·· Escribe tu cuento.

Usa la información que escribiste en el organizador gráfico de la página 413 para hacer un borrador de tu cuento.

Habla sobre los personajes y el problema que tienen al **principio** del cuento.

> [ ]

↓

Escribe los acontecimientos que tienen lugar durante el **desarrollo** del cuento. ¿Qué dicen y hacen los personajes?

> [ ]

↓

Escribe un **final** que muestre la lección que aprenden los personajes.

> [ ]

···················· **Revisa tu borrador.**

Los pasos de revisión y edición te dan la oportunidad de observar detenidamente tu escritura y hacer cambios. Trabaja con un compañero y determina si has explicado tus ideas con claridad a los lectores. Usa estas preguntas como ayuda para evaluar y mejorar tu cuento.

✔ PROPÓSITO/ ENFOQUE	ORGANIZACIÓN	EVIDENCIA	LENGUAJE/ VOCABULARIO	CONVENCIONES
☐ ¿Habla mi cuento sobre una lección que aprenden los personajes? ☐ ¿Incluí solo acontecimientos importantes para mi cuento?	☐ ¿Hay un principio, un desarrollo y un final claros? ☐ ¿Siguen los acontecimientos un orden lógico?	☐ ¿Usé ejemplos de los textos del módulo? ☐ ¿Cuenta el cuento lo que dicen y hacen los personajes?	☐ ¿Usé palabras y frases de enlace para mostrar cuándo ocurren los acontecimientos?	☐ ¿Comencé todos los párrafos con sangría? ☐ ¿Usé la raya en los diálogos correctamente? ☐ ¿Usé los pronombres correctamente?

PRESENTAR ···················· **Comparte tu trabajo.**

Crear la versión final Elabora la versión final de tu cuento. Puedes incluir dibujos para mostrar los acontecimientos principales. Considera estas opciones para compartir tu cuento.

1. Añade tu cuento a la biblioteca de la clase o la escuela para el disfrute de los demás.

2. Lee tu cuento en voz alta a la clase.

3. Publica tu cuento en la página web de la clase o la escuela. Invita a los lectores a comentar o a compartir sus propios cuentos.

Glosario

A

abalanzaba *v.* Si alguien se abalanzaba sobre otra persona, saltaba o se lanzaba con fuerza sobre ella. Vi al coyote que se abalanzaba sobre su presa.

abarrotó *v.* Si una persona abarrotó un lugar, lo llenó y no dejó ningún espacio vacío. El tren se abarrotó de gente.

acariciaba *v.* Cuando acaricias a alguien o algo, lo tocas o rozas suavemente. La cierva acariciaba a su cría para que se sintiera segura.

acecha *v.* Si un animal acecha, está escondido esperando para cazar a otro. Los felinos grandes, como las panteras y los jaguares, acechan a sus presas en la oscuridad de la noche.

agricultura *s.* La agricultura es la práctica del cultivo y producción de cosechas. En la agricultura, se usan tractores y máquinas para arar y sembrar las cosechas.

agrio *adj.* Si algo te sabe agrio, te sabe ácido como el vinagre. Mi hermanito puso una cara muy graciosa cuando probó el sabor agrio del limón.

almacenadas *adj.* Las cosas que están almacenadas están guardadas para usarlas en otro momento. En el ático tenemos cosas almacenadas que no usamos con frecuencia.

amenazador *adj.* Si algo tiene aspecto amenazador, indica que algo malo podría pasar. Sabíamos que pronto llegaría una tormenta porque el cielo tenía un aspecto amenazador.

apaciguar *v.* Apaciguar a una persona es tratar de hacer algo para aliviar su enojo. Cuando mi hermanito llora porque tiene hambre, mi papá intenta apaciguarlo con un biberón.

aproxima *v.* Si un acontecimiento se aproxima, se acerca o le falta poco por llegar. Max le dijo a Susi que se aproxima el día de la fiesta de su cumpleaños.

artefacto *s.* Un artefacto es un aparato o dispositivo mecánico que tiene un fin determinado. Después de la escuela, trabajamos juntos en un artefacto para ayudar a nuestro maestro a repartir los trabajos.

ascuas *s.* Las ascuas son restos de materia incandescente que queda después de un fuego. La hoguera estaba llena de ascuas.

asistenta *s.* Una asistenta es una persona que ayuda a otra a hacer su trabajo. La asistenta veterinaria ayuda a sujetar el perro mientras la veterinaria le pone un vendaje en la pata.

astuta *adj.* Una persona que es astuta utiliza formas inteligentes o engañosas para conseguir lo que quiere. Olivia encontró una manera astuta de convencer a su mamá de que la dejara comer una fresa antes del almuerzo.

B

brillante *adj.* Cuando una persona, idea o cosa es brillante, es extremadamente inteligente o habilidosa. Benjamin Franklin fue un genio brillante que hizo experimentos con la electricidad.

búsqueda *s.* Cuando haces una búsqueda, haces lo necesario por conseguir algo. Nuestra clase armó un espectáculo de marionetas sobre la búsqueda de un tesoro escondido.

C

cable *s.* Un cable es un conjunto de alambres cubiertos con una envoltura gruesa que se utiliza para conducir electricidad. Usamos un cable para conectar electricidad, pantallas e impresoras a las computadoras.

cantidades *s.* Una cantidad es una porción o un número de cosas que se puede contar. La clase de arte tiene grandes cantidades de papel, marcadores, pintura y pinceles.

compacto *adj.* Un objeto compacto ocupa muy poco espacio. Hay muchos carros nuevos compactos que ocupan menos espacio y usan menos combustible que los carros más grandes.

compañerismo *s.* El compañerismo es un sentimiento amistoso entre personas que comparten experiencias. Se formó compañerismo entre los voluntarios que trabajaron juntos.

compasión *adj.* Si alguien siente compasión por otra persona, comprende su situación dolorosa y siente pena por su disgusto o pérdida. La entrenadora sintió compasión por Analisa cuando se lastimó durante el partido.

comunal *adj.* Se le dice comunal a los bienes que comparte un grupo de personas de la misma comunidad o área. Cuidamos nuestras plantas en el huerto comunal.

concluyó *v.* Cuando una cosa concluyó, se terminó. Supimos que la obra concluyó cuando las luces se encendieron y los actores salieron a saludar al público.

Origen de la palabra

concluyó Un significado de *concluyó* es "finalizar; terminar; cerrar". *Concluir* proviene del prefijo latino *com-* y de la palabra latina *claudere*, "cerrar".

---

confiesa *v.* Si una persona confiesa algo, admite que ha hecho o dicho algo. Mi hermanito confiesa que rompió el jarrón.

Origen de la palabra

confiesa La palabra *confiesa* proviene del participio pasado latino *confiteri*, que significa "reconocer".

---

contaminación *s.* La contaminación es material dañino o tóxico que hay en el aire, el agua y la tierra. Las fábricas son una fuente de contaminación del medioambiente.

convertirse *v.* Una cosa, al convertirse, cambia de forma o cambia de una manera importante. La energía eólica puede convertirse en energía eléctrica.

crecimiento *s.* El crecimiento ocurre cuando alguien o algo se hace mayor o más grande. Los científicos midieron el crecimiento de la tortuguita.

criadero *s.* Un criadero es un lugar donde se cría animales. En el criadero, las mamás cuidan de sus crías hasta que pueden valerse por sí mismas.

cuajada *s.* La cuajada es el producto que se forma en la leche cuando se corta y se separa del suero. El queso *cottage* se produce con la cuajada de la leche.

D

delgadas *adj.* Una persona delgada es flaca. El cuello largo y delgado de la jirafa le permite alcanzar las hojas de los árboles altos.

desconfiar *v.* Al desconfiar de alguien, no crees a esa persona. Emma desconfía de Jake cuando él la espera cerca de su armario.

descubrimiento *s.* Cuando haces un descubrimiento, haces un hallazgo muy importante. Daniel hizo un descubrimiento cuando averiguó cómo resolver el problema.

deshidratan *v.* Cuando las cosas se deshidratan, se secan y se hacen más pequeñas y arrugadas. Las flores que le compramos a mamá se deshidratan con el paso del tiempo.

despistado *adj.* Si alguien está despistado, no se da cuenta de algo que pasa o puede pasar. Los antílopes despistados no se dieron cuenta de que el león estaba detrás de ellos.

dictado *adj.* La palabra dictado describe el acto de escribir palabras que se dicen de forma oral. Marcela escribe el dictado mientras su maestra lee la lección.

Origen de la palabra

dictado La palabra *dictado* deriva de la palabra latina *dictiō*, relacionada con la elección de las palabras en el habla y la escritura. Por lo tanto, *dictado* es el proceso de escribir lo que alguien habla.

---

dispositivo *s.* Un dispositivo es una herramienta o máquina que tiene una función determinada. La tableta portátil es un dispositivo que podemos usar para hacer nuestras tareas.

dispuestos *adj.* Todos los que están dispuestos a hacer algo están de acuerdo en hacerlo y preparados para intentarlo. Jenny nunca había patinado, pero estaba dispuesta a intentarlo.

distribución *s.* La distribución es el plan que muestra cómo se dividen las cosas y en qué lugar se colocan. La maestra hizo una distribución de su clase antes de que llegaran sus estudiantes.

E

eclosionar *v.* Cuando los huevos eclosionan, el cascarón se rompe permitiendo la salida o nacimiento del animal. Nos maravillamos cuando vimos los huevos de tortuga eclosionar.

era *s.* Una era es un periodo de tiempo en la historia. Los dinosaurios vivieron en la era mesozoica.

erupcionó *v.* Si un volcán erupcionó, entró en erupción o expulsó de repente gran cantidad de humo o fuego y lava. El volcán erupcionó escupiendo humo y fuego.

escarlata *adj.* Si algo es de color escarlata, es de un color rojo muy intenso. Las rosas tenían un color escarlata profundo.

escasas *adj.* Cuando las cosas están escasas, hay muy poca cantidad de ellas. El agua es escasa en el cauce del río.

espigas *s.* Las espigas son las flores o los granos de algunas plantas de cereales, como el trigo. Las espigas de bambú alcanzan una gran altura.

estéril *adj.* Si la tierra está estéril, no da frutos; las plantas y los árboles no pueden crecer. El granero es el único edificio en este campo estéril.

extensión *s.* Se le llama extensión de una idea o servicio a un programa o proyecto que se da a conocer ampliamente y llega a un gran número de personas. Samuel trabaja como voluntario en un comedor social como parte de su extensión comunitaria.

F

fábricas *s.* Las fábricas son edificios grandes donde las personas construyen todo tipo de productos usando maquinarias. Los carros se construyen en fábricas.

fantasma *s.* Un fantasma es algo o alguien que no existe o es falso. En la celebración de Halloween es habitual ver a niños disfrazados de fantasmas.

fino *adj.* Un sentido más fino es mejor, más perfecto o desarrollado. En los aeropuertos usan perros de seguridad porque tienen el olfato más fino que el de los humanos.

flexibles *adj.* Las cosas flexibles se doblan o cambian de forma sin romperse. Sammy será una gran gimnasta porque es muy flexible.

florecen *v.* Cuando los árboles o plantas florecen, echan flores y estas se abren. En este árbol florecen las flores que más me gustan.

folclore *s.* El folclore es el conjunto de dichos, creencias y cuentos tradicionales de una comunidad. Presentaron un baile tradicional que es parte de nuestro folclore.

fornido *adj.* Un hombre fornido es grande y fuerte. El herrero fornido era lo suficientemente fuerte como para doblar y darle forma al metal.

furor *s.* Si hay furor por alguna cosa, significa que está de moda o es muy popular por un periodo de tiempo. Los *spinners* han creado furor como ayuda contra la inquietud.

G

galante *adj.* Una persona galante es atenta, amable y cortés. Cristina se ve muy galante vestida de superheroína.

granos *s.* Los granos son las semillas y los frutos de algunos cereales, como el maíz o el trigo. Estos granos se convierten en palomitas de maíz cuando se calientan.

gruñía *v.* Si un animal gruñía, hacía sonar su voz con ira. El perro gruñía y enseñaba los dientes para que nadie entrara en el patio.

guirnaldas *s.* Las guirnaldas son tiras tejidas de flores, hierbas o ramas. Las sillas de la boda estaban decoradas con guirnaldas.

H

heredar *v.* Cuando heredas algo, recibes algo de alguien, por lo general, de tus padres o abuelos. Un día, Sonia heredará las joyas de su abuelita.

I

incontables *adj.* Las cosas incontables no se pueden contar con números. Reggie vio en el libro tantos problemas de matemáticas que le parecieron incontables.

inesperadas *adj.* Las cosas inesperadas suceden sin esperarse. Tanto el color como el olor y el tamaño de estas flores fueron todas cosas inesperadas para Lucía.

innovadora *adj.* Una idea innovadora es una idea que nunca antes se le había ocurrido a nadie. Están creando una máquina innovadora.

inspeccionó *v.* Si alguien inspeccionó algo, lo comprobó con cuidado. Roberto inspeccionó la araña con una lupa.

invento *s.* Un invento es algo creado por una persona, que no existía antes. El invento del teléfono cambió la manera como la gente se comunica.

> **Origen de la palabra**
>
> **invento** La palabra *invento* proviene del latín *invenire*, que significa "descubrir".

invernaderos *s.* Los invernaderos son recintos o espacios de cristal o plástico donde se cultivan plantas para protegerlas del clima. Los invernaderos brindan a las plantas un ambiente cálido y seguro que las ayuda a crecer fuera de su ambiente natural.

invisible *adj.* Si algo es invisible, no se puede ver. Lo que sujeta a la niña en el truco de magia es invisible.

L

labrar *v.* Cuando labras la tierra, la preparas para sembrar y cultivar. El agricultor labra la tierra removiéndola y preparándola para plantar las semillas.

laguna *s.* Una laguna es un depósito de agua dulce o salada que está separada del mar. En esta foto aérea de la laguna se ven unas pequeñas embarcaciones.

larvas *s.* Los insectos que acaban de romper el huevo y que todavía no se han convertido en su forma adulta se conocen como larvas. La larva amarilla y negra se convertirá en una hermosa mariposa monarca.

M

mandarinos *s.* Los mandarinos son los árboles donde crecen las mandarinas. Visitamos una linda huerta de mandarinos.

mantillo *s.* Si colocas un mantillo en tu jardín o huerta, pones paja o astillas de madera alrededor de las plantas para protegerlas. Puso un mantillo alrededor del árbol recién plantado.

medioambientales *adj.* Los estudios medioambientales están relacionadas con la protección del suelo, el agua, los animales y el aire de la Tierra. Muchos niños se unen a grupos medioambientales para ayudar a proteger la Tierra.

memorables *adj.* Las cosas que son memorables son tan especiales que la gente quiere recordarlas. Mi madre dice que su boda fue el día más memorable de su vida.

mito *s.* Un mito es un cuento conocido sobre acontecimientos fantásticos que ocurrieron en el pasado. Leímos un mito sobre los unicornios que antes vivían en los bosques.

N

nutrición *s.* La nutrición es el proceso de alimentarse con los alimentos necesarios para estar saludables. Quiero aprender acerca de una buena nutrición para saber qué alimentos son saludables.

O

orificios *s.* Los orificios son agujeros, como los de la nariz, que se utilizan para respirar y oler. Los orificios de mi nariz me ayudan a disfrutar el aroma de las flores.

original *adj.* Algo que se describe como original es el primero en su clase. Ese tocadiscos de principios del siglo diecinueve es realmente original.

P

parcela *s.* Una parcela es una porción pequeña de terreno. Nos gusta visitar la parcela de calabazas todos los otoños.

pérgola *s.* Una pérgola es una estructura que sostiene plantas. La pérgola estaba en el lugar perfecto para descansar después de jugar al sol.

periodo *s.* Un periodo es el espacio de tiempo entre dos acontecimientos o fechas, que por lo general marcan un suceso importante. Los bulldogs viven por un periodo de 8 a 10 años.

pícaro *adj.* Alguien que es pícaro es listo, astuto e ingenioso. Mi perro es pícaro y ágil. Sabe trepar árboles como si fuera un mono.

pregonar *v.* Al pregonar un mensaje, se dice en voz alta y con energía. A la niña le gusta pregonar su mensaje de ánimo con el megáfono.

Origen de la palabra

pregonar La palabra *pregonar*, que deriva de *pregón*, proviene de la palabra latina *praecon*, que significa "heraldo".

---

preparativos *s.* Los preparativos son las cosas que se hacen y preparan para un acontecimiento o una celebración. La decoración de la sala fue parte de los preparativos de la fiesta.

preparo *v.* Cuando preparo una cosa, me aseguro de que esté lista para el próximo paso. Cuando mi madre hace sopa, yo preparo las verduras y la ayudo a cocinar.

prodigio *s.* Un prodigio es un suceso extraño o cosa especial que sucede. El gato saltó desde una ventana muy alta y no le sucedió nada. ¡Fue un verdadero prodigio!

productivo *adj.* Si eres productivo, eres capaz de hacer muchas cosas con el tiempo y los recursos que tienes. El estudiante más productivo acaba sus tareas e incluso hace más durante la jornada escolar.

puse *v.* Cuando pones algo en un lugar, lo depositas o lo colocas allí. Puse mis monedas en la alcancía.

Q

quesería *s.* Una quesería es un lugar donde se fabrican quesos. La mejor parte de nuestra excursión a la quesería fue poder acariciar las vacas.

R

radar *s.* El radar es un sistema que detecta objetos que no se ven, por medio de señales de radio. Se usa un radar para localizar los aviones en vuelo.

Origen de la palabra

radar La palabra *radar* proviene de la palabra inglesa *radar*, cuyas letras forman un acrónimo que significa "***Ra**dio **D**etection **A**nd **R**anging*", o sea, "detección y localización por radio".

---

rebuscan *v.* Cuando los animales rebuscan, registran con cuidado un lugar para encontrar comida. Los osos rebuscan bayas en el bosque.

rechazando *v.* Cuando alguien está rechazando algo, no lo está aceptando o no lo quiere. A Danielle no le gusta el brócoli y lo está rechazando.

recicladas *adj.* Las cosas que son recicladas se utilizan de nuevo o de una forma diferente. Llevamos las cosas al contenedor para que sean recicladas.

recoger *v.* Cuando recoges una cosecha, cortas y reúnes lo que necesitas de ella. El agricultor recogerá el maíz cuando esté listo para cosechar.

recompensarte *s.* Si una persona quiere recompensarte, quiere darte algo o hacerte un bien para reparar el daño o disgusto que pudo causarte. Mi madre me dijo: "Voy a recompensarte por haberme ayudado con mis tareas".

recursos *s.* Los recursos son los materiales o las cosas que las personas pueden utilizar para hacer un trabajo. Tengo todos los recursos que necesito para empezar mi proyecto de la escuela.

relatar *v.* Cuando relatas un cuento, historia o acontecimiento, das a conocer cómo sucedió algo. Un día, mi mamá me va a relatar las historias que aprendió de su mamá.

renovable *adj.* Algo que es renovable siempre va a estar disponible. La luz del sol es un recurso renovable que se puede acumular con paneles solares en los tejados.

reputación *s.* Si alguien tiene una reputación por algo, los demás lo conocen o recuerdan por eso. La Sra. Smith tiene la reputación de ser la maestra más amable de la escuela.

residente *s.* Un residente de una casa, ciudad o país es una persona que vive en ese lugar. La familia Giménez son los residentes de una casa en la comunidad de Bedford.

rodeada *adj.* Una cosa que está rodeada tiene otras cosas a su alrededor. Alex estaba rodeada de otros niños mientras intentaba romper la piñata.

rotación *s.* Las cosas que están en rotación se turnan para hacer un trabajo o cumplir un propósito. El entrenador nos consulta antes de los partidos para decidir la rotación de los bateadores.

S

saqueo *s.* Un saqueo es el acto de entrar en un lugar y robar lo que hay. El perro fue el culpable del saqueo en la tienda del Sr. Rivera.

sencillos *s.* Los sencillos musicales son grabaciones de una sola canción. Estamos ensayando uno de nuestros sencillos antes de ir al estudio de grabación.

sifón *s.* Un sifón es un tubo o una manguera que se utiliza para meter o sacar un líquido. El pulpo tiene un sifón debajo de los ojos.

simulada *adj.* Una cosa simulada parece algo que no es. Alicia utilizó el truco de la enfermedad simulada para no ir a la escuela, ¡pero su mamá se dio cuenta enseguida!

sistema *s.* Un sistema es un conjunto de cosas o ideas que se unen para cumplir una función. El sistema de computadoras de nuestra escuela es útil para completar las tareas electrónicas.

T

tanques *s.* Los tanques son recipientes grandes que contienen agua u otros líquidos. Uno de los tanques estaba lleno de leche.

tecnología *s.* La tecnología es el uso de la ciencia para inventar cosas útiles o resolver problemas. Usamos tecnología para completar la lección en línea en nuestro salón.

Origen de la palabra

tecnología La palabra *tecnología* proviene de la palabra griega *tekhnē*, que significa "destreza o habilidad", y de la raíz *-logía*, que significa "ciencia o estudio". Otras palabras relacionadas con el estudio de la ciencia y que contienen la raíz *-logía* son *biología*, *sociología* y *geología*.

tejió *v.* Una cosa que se tejió se formó enlazando hilos para formar telas u otras cosas. Esta tela se tejió con hilos de muchos colores.

tentador *adj.* Si algo es tentador, uno lo desea intensamente. Los pasteles de la pastelería eran tentadores.

titilaba *v.* Si la llama titilaba, centelleaba con ligero temblor. Las velas del pastel de cumpleaños titilaban.

tonadas *s.* Las tonadas son canciones o melodías musicales. Durante el mes de diciembre, en algunos lugares, es habitual oír tonadas navideñas.

transforman *v.* Cuando los insectos u otros animales se transforman, sueltan su protección exterior o la mudan, como la piel o las plumas. Las serpientes se transforman entre dos y cuatro veces al año.

trasplantarán *v.* Las plantas que se trasplantarán se moverán del lugar en el que estaban creciendo y se plantarán en otro nuevo. Este pino se trasplantará a un parque comunitario.

U

universal *adj.* Cuando algo es universal, es común a todo el mundo. El agua es una necesidad universal de todos los seres vivos.

V

valiosos *adj.* Algo valioso es útil o importante. El invento de la bombilla eléctrica es uno de los adelantos más valiosos de la tecnología.

vertical *adj.* Algo que está vertical está de pie u orientado hacia arriba. La flecha era vertical: apuntaba hacia arriba y no hacia el lado.

vid *s.* La vid es una planta de tallo muy alargado y fino que crece por el suelo o alrededor de algo. De ella salen las uvas. Los muros de la escuela estaban cubiertos de vides.

visionario *s.* Un visionario es una persona que tiene ideas nuevas o inusuales sobre la vida en el futuro. Carla es una visionaria porque siempre está pensando en maneras de mejorar las cosas.

voluminoso *adj.* Algo voluminoso es grande y pesado, y difícil de llevar o poner. Cuando un objeto es muy voluminoso, hace falta moverlo con una máquina especial.

Índice de títulos y autores

Índice de títulos y autores

Reconocimientos

Créditos de fotografías